Ethereum

La guía esencial para principiantes en inversión en Ethereum, minería y contratos inteligentes

© **Copyright 2019**

Todos los derechos reservados. Ninguna parte de este libro puede reproducirse de ninguna forma sin permiso por escrito del autor. Los críticos pueden citar breves pasajes en las reseñas.

Descargo de responsabilidad: ninguna parte de esta publicación puede ser reproducida o transmitida de ninguna forma o por ningún medio, mecánico o electrónico, incluyendo fotocopias o grabaciones, ni por ningún sistema de almacenamiento y recuperación de información, ni transmitida por correo electrónico sin permiso por escrito del editor.

Si bien se han realizado todos los intentos para verificar la información proporcionada en esta publicación, ni el autor ni el editor asumen ninguna responsabilidad por errores, omisiones o interpretaciones contrarias de la materia en este documento.

Este libro es sólo para fines de entretenimiento. Las opiniones expresadas son solo del autor y no deben tomarse como instrucciones u órdenes de expertos. El lector es responsable de sus propias acciones.

El cumplimiento de todas las leyes y regulaciones aplicables, incluidas las leyes internacionales, federales, estatales y locales que rigen las licencias profesionales, las prácticas comerciales, la publicidad y todos los demás aspectos de negocios en los EE. UU., Canadá, el Reino Unido o cualquier otra autoridad, es responsabilidad exclusiva del comprador o lector.

Ni el autor ni el editor asumen responsabilidad u obligación alguna en nombre del comprador o lector de estos materiales. Cualquier desaire percibido por cualquier individuo u organización es puramente involuntario.

Tabla de contenidos

INTRODUCCIÓN 1

CAPÍTULO 1: ETHEREUM: UN FONDO COMPRENSIVO 3

    ¿QUÉ ES ETHEREUM? 3

    TECNOLOGÍA *BLOCKCHAIN* 3

    USOS DE ETHEREUM 8

    CONTRATOS INTELIGENTES 17

    EL *ETHER* 22

    MÁQUINA VIRTUAL ETHEREUM (EVM) 24

CAPÍTULO 2: INVERTIR EN *ETHEREUM* 26

    LA CARTERA DE *ETHEREUM* 34

    COMPRAR *ETHEREUM* 45

    DAY TRADING DE *ETHEREUM* 53

CAPÍTULO 3: MINERÍA DE *ETHEREUM* 61

    ¿QUÉ ES LA MINERÍA DE *ETHEREUM*? 61

    LA IMPORTANCIA DE LA MINERÍA DE *ETHEREUM* 64

    EL PROCEDIMIENTO DE MINERÍA DE *ETHEREUM* 68

    MINERÍA DE *ETHEREUM* EN LA NUBE 77

    CALCULADORA DE RENTABILIDAD DE MINERÍA DE *ETHEREUM* 79

CAPÍTULO 4: EL FUTURO DE ETHEREUM 84

CONCLUSIÓN 88

Introducción

Este libro contiene información útil sobre Ethereum que lo ayudará a comprender los entresijos de la inversión, la minería y los contratos inteligentes.

El aumento de las monedas criptográficas y su posterior popularidad han traído consigo la aparición de oportunidades de hacer dinero que nunca antes se habían visto. Piénselo: bitcoin, la criptomoneda líder, ha aumentado su valor más de diez veces en los últimos 4 años, desde mínimos de 500 a más de 5.000 dólares por bitcoin. Con estos altos precios, los bitcoins están cada vez más fuera del alcance de la gente común. La pregunta es: ¿hay alguna forma de hacerse rico con las criptomonedas sin tener que invertir tanto para obtener bitcoins? Sí, la hay, y Ethereum es el camino a seguir.

¿Está ansioso por crear su propia historia de éxito? ¿Le gustaría unirse a un esquema de inversión dinámico, uno que se integre perfectamente con su horario (en realidad no tiene que comerciar, solo comprar, retener por un tiempo y luego vender) y ofrece inmensos beneficios? Entonces Ethereum puede ser todo lo que necesita para hacer sus sueños realidad. De hecho, Ethereum es una opción de inversión revolucionaria y excitante que puede garantizarle un futuro financiero más brillante. Por lo tanto, aprovéchelo y comience a perseguir el éxito.

Esta guía busca ayudarle a descubrir las estrategias de inversión más inteligentes al proporcionar información básica sobre Ethereum para ayudarle a construir sin problemas su cartera de inversiones, mientras aprende los diversos conceptos de minería y contratos inteligentes y obtiene ganancias atractivas.

Esta guía también es plenamente consciente de que Ethereum aún está en sus inicios y está cargado de riesgos y complejidades únicas. Como tal, su ingenio es esencial para idear nuevas iniciativas y enfoques innovadores que puedan ayudarlo a manejarse en este dominio de rápido crecimiento sin sentirse abrumado por las dificultades y barreras emergentes. Sin embargo, como con cualquier otro plan de inversión, siempre recuerde que el trabajo duro y la coherencia dan sus frutos. ¡Así que vamos a entrar de lleno en Ethereum!

Capítulo 1: Ethereum: Un fondo comprensivo

¿Qué es Ethereum?

En pocas palabras, Ethereum se refiere a una plataforma de software abierta basada en la tecnología *blockchain* o cadena de bloques, que brinda a los desarrolladores la oportunidad de crear y desplegar aplicaciones desde cualquier lugar del mundo.

Para que entienda mejor esta definición, analicemos en primer lugar qué implica la tecnología *blockchain*.

Tecnología *blockchain*

En primer lugar, hoy en día, la mayoría de nuestra información financiera, contraseñas y datos personales se almacenan principalmente en las computadoras y servidores de otras personas que son propiedad de compañías como Google, Facebook, Netflix o Amazon. Por lo tanto, estas compañías despliegan equipos de personal altamente calificado que trabajan incansablemente para ayudar a almacenar y asegurar sus datos, independientemente de lo que suceda. Esto le ofrece muchas facilidades. Por ejemplo, puede acceder fácilmente a sus datos desde cualquier parte del mundo, siempre y cuando tenga una conexión fiable a Internet.

Sin embargo, esta conveniencia viene con una serie de pegas. En algunos casos, la compañía de alojamiento puede cobrarle por retener sus datos cuando lo solicite, y grandes volúmenes de datos pueden implicar grandes cargos de alojamiento. Además, al usar aplicaciones como Netflix o Facebook, puede encontrarse casos en los que un sitio esté "inactivo" y no pueda proceder tan rápido como quisiera. Esto significa que la aplicación no puede acceder a los datos que necesita como resultado de varios problemas de impedimento; y si el centro de datos o el servidor caen, la aplicación dejará de funcionar por completo. Bastante desagradable, ¿no?

Además, sus datos son muy vulnerables y pueden sucumbir a amenazas de ataques externos. Cualquier gobierno o pirata informático puede atacar o intervenir el servidor de terceros, y así obtener acceso a sus datos sin su conocimiento. Con dicho acceso no autorizado, los *hackers* pueden incluso alterar, filtrar o robar su información importante.

Debido a estas deficiencias, siempre se ha pensado que la descentralización de Internet está atrasada. En este sentido, se están ideando muchas herramientas para lograr este objetivo. La tecnología *blockchain* es una de estas herramientas. Esta tecnología fue puesta en el foco de atención por Satoshi Nakamoto en 2009 y continúa evolucionando a medida que crece en popularidad. Max Kaplan, un entusiasta del *blockchain*, lo define como una serie de **dispositivos informáticos distribuidos que se vinculan entre sí al compartir y autenticar datos**. *Blockchain* en realidad se refiere a una base de datos que se distribuye en múltiples dispositivos informáticos diferentes ubicados en cualquier lugar del mundo. Estos dispositivos informáticos también se conocen como "nodos" y comparten los mismos datos. En términos simples, una cadena de bloques, o *blockchain*, es una especie de libro de contabilidad digital que se comparte entre varias computadoras. Esto significa que, si un nodo o computadora falla, no hay problema, ya que otros nodos en la misma cadena tienen datos idénticos.

La tecnología *blockchain* esencialmente ha formado la columna vertebral de un nuevo tipo de internet. Esto se debe a que permite que la información digital se distribuya, pero que no se replique o reproduzca, mientras se utilizan muchos dispositivos informáticos, un hecho que mejora sus índices de seguridad. La naturaleza descentralizada de las cadenas de bloques hace que el pirateo sea imposible, ya que nadie puede obtener acceso directo para manipular sus datos.

A pesar de que la tecnología *blockchain* se inventó originalmente para *bitcoin*, la moneda digital, los entusiastas de la tecnología continúan descubriendo otros usos asociados con esta tecnología. Como tal, se ha convertido en una plataforma fiable donde se pueden desarrollar muchas aplicaciones. Por ejemplo, las aplicaciones que requieren seguridad de datos y validación de procedimientos múltiples, como las estrategias **contra el lavado de dinero**, encuentran los *blockchains* más convenientes que otras tecnologías.

Bitcoin fue la primera aplicación popular en emplear el uso de *blockchains*. La cadena de bloques de Bitcoin actúa principalmente como un libro financiero irreversible, lo que la convierte en una criptomoneda más segura. La criptomoneda se refiere a una moneda digital o virtual que emplea el uso de técnicas de encriptación (comúnmente conocidas como criptografía) para regular la generación de unidades monetarias y la verificación posterior de la transferencia de fondos sin el control directo de un banco central. Por lo tanto, el *bitcoin* es un tipo de criptomoneda que es independiente de la autoridad de cualquier banco central, se basa en cálculos matemáticos y sirve como un sistema de pago electrónico eficiente pero menos costoso. La forma más fácil de describir una criptomoneda es que no es emitida por un banco central o autoridad gubernamental y no tiene una forma física, como una moneda o un billete.

La rápida aceptación mundial de la tecnología *blockchain* y *bitcoin* se atribuye a sus cualidades únicas de transparencia e incorruptibilidad. En realidad, una red de cadenas de bloques opera en un estado de consenso en el sentido de que rutinariamente se registra consigo misma cada diez minutos. De este modo, la red concilia automáticamente cada transacción que se realiza en intervalos de diez minutos. Una vez se producen las transacciones, se registran en "bloques" que luego se ingresan en los libros de contabilidad digitales para ser validados por un número dado de computadoras dentro de la red de *blockchain* respectiva. Lo más importante es que el libro se replica de la misma forma en toda la red.

A pesar de que el usuario o la persona que realiza una transacción puede ser anónimo, el rastro de estos bloques sigue siendo público y nadie puede alterar ninguna unidad de información sobre él. De este modo, cualquier persona puede acceder al historial completo de todas las transacciones que tienen lugar y todos los cambios también se hacen visibles para todos. En general, la robustez de Bitconin radica en el hecho de que aumenta la eficiencia y elimina la posibilidad de fraude al proporcionar un sistema de prueba de trabajo objetivo que garantiza la seguridad y la validez de cualquier transacción. Y así es como Bitcoin sigue siendo una opción fiable en las transacciones digitales.

También es importante tener en cuenta que, tradicionalmente, las transacciones digitales han exigido la autorización o validación de terceros, como los bancos. De hecho, este ha sido un paso muy importante, ya que el dinero en una plataforma digital se presenta como un archivo y se puede copiar y reutilizar. Sin embargo, involucrar a tales intermediarios tiene un coste, ya que los bancos a menudo lo obligan a jugar con sus reglas, y con cualquier cantidad de comisiones que exijan. Sin embargo, el uso de firmas digitales Bitcoin y libros públicos permite que se realicen transacciones anónimas y seguras sin necesidad de entidades de confianza, ya que la red pública de nodos autentica las transacciones al garantizar que la mayoría de los nodos deben alcanzar un acuerdo unánime.

Se discute ampliamente que Bitcoin se ha vuelto adoptable en mercados cuyas monedas están muy infladas y necesitan herramientas específicas que puedan facilitar el despliegue e intercambio de monedas. Del mismo modo, aquellos mercados con una infraestructura financiera tradicional inadecuada, pero con datos móviles suficientes, consideran que la tecnología Bitcoin es más valiosa y sostenible para llevar a cabo diversas transacciones.

Teóricamente, las criptomonedas casi nunca pueden sufrir interferencias de las autoridades porque solo la persona con la clave privada puede acceder a ellas y no se almacenan en ningún lugar en particular. Por lo tanto, un gobierno no puede simplemente apoderarse de estas, ya que alcanzar la mayoría de los nodos puede ser imposible.

A partir de la explicación anterior, debería haber obtenido una idea clara de lo que implica la tecnología *blockchain*. Ha visto la aplicación de cadenas de bloques en criptomonedas y ha comprobado lo segura que es esta plataforma. Ahora, podemos volver a Ethereum.

Ethereum funciona igual que Bitcoin, ya que se basa en los grandes trazos de una cadena de bloques. Es una red abierta que es administrada y controlada por sus usuarios sin la interferencia de ningún banco o gobierno. Sin embargo, Ethereum no es solo una criptomoneda (no solo una moneda digital), sino que contiene otras características que lo convierten en una opción más fuerte para el comercio digital. En otras palabras, Ethereum funciona como una plataforma a través de la cual los individuos pueden usar los *ethers* para crearlos y operar con estos, o ejecutar aplicaciones mientras explotan sus revolucionarios contratos inteligentes. Antes de explorar estas características, echemos un vistazo a algunos de los usos de Ethereum.

Usos de Ethereum

El uso de Ethereum le brinda una ventaja adicional de participar en la red computacional global. De hecho, las cadenas de bloques hacen posible estos usos. Algunos de los usos notables son:

- **Protección de la propiedad intelectual**: uno de los inconvenientes de estar en Internet es que permite la reproducción y distribución infinita de información digital. Como tal, los usuarios de la web global pueden acceder fácilmente a una mina de oro de contenido digital gratuito, lo que perjudica a los titulares de derechos de autor genuinos que eventualmente pierden el control sobre su propiedad intelectual y también sufren pérdidas financieras.

Sin embargo, en las redes Ethereum, los titulares de derechos de autor tienen mucho que ganar. Ya no tienen que preocuparse como titulares de los derechos de autor porque solo tienen que usar contratos inteligentes para proteger y automatizar la venta de sus trabajos creativos y, esencialmente, eliminar el riesgo de reproducción y redistribución de sus archivos. Si usted es un artista musical, puede utilizar la cadena de bloques para establecer la propiedad de su trabajo, definir los términos del contrato inteligente a través del cual se pueden estipular y ejecutar las licencias otorgadas y protegerlo contra el uso no autorizado.

Además, los objetos de código abierto pueden ser patentados instantánea y libremente por la cadena de bloques porque una patente simplemente implica un concepto sellado y almacenado en un lugar donde no se pueda falsificar. Por ejemplo, Mycelia, un sistema de distribución de música entre pares del Reino Unido para la música, se basa en Ethereum y proporciona una plataforma a través de la cual los músicos pueden realizar ventas directas al público, y los productores pueden emitir muestras de licencias y emitir regalías a músicos y compositores. Además, el proyecto Ascribe se lanzó en 2014 con el objetivo de ayudar a los creadores a garantizar sus derechos de propiedad intelectual utilizando la tecnología *blockchain*. Cualquier tipo de licencia, como las licencias Creative Commons (CC), es admisible en Ascribe. Por lo que, si tiene algún trabajo, simplemente regístrelo en la sección de licencias CC de la cadena de bloques de la siguiente manera:

- Abra el sitio web de Ascribe en **http://cc.ascribe.io**
- Cargue el trabajo que desea patentar y complete los metadatos apropiados. Asegúrese de que los campos de título, autor y año se llenan de manera correcta y precisa.
- Finalmente, haga clic en "Registrarse" una vez que haya seleccionado la licencia CC.

Una vez que haya hecho eso, el sistema registrará automáticamente su archivo de forma segura, asegurándose de que su archivo esté sellado según los términos y condiciones de la licencia y todos los metadatos proporcionados se incluyen en la cadena de bloques. Y con una licencia de Creative Commons, obtiene el verdadero "contrato inteligente", ya que puede realizar un seguimiento de su trabajo sobre el tráfico y la reutilización en línea.

- **Comercio de acciones**: las cadenas de bloques son buenas para el comercio de acciones debido al potencial de una mayor eficiencia en la liquidación de acciones. Esto se debe a que el comercio de acciones de *blockchain* permite la ejecución instantánea de igual a igual, a diferencia del caso tradicional en el que es inevitable que transcurra un período de 3 días para que se produzca la autorización. Este es un claro indicativo de que los agentes pueden realizar transacciones de manera eficiente sin involucrar a intermediarios como auditores, custodios y cámaras de compensación.

- **Registro de títulos de propiedad**: el proceso de adquisición de títulos de propiedad ha resultado ser tedioso y lleno de numerosos obstáculos. Esto se debe a que dichos procesos son costosos, requieren mucha mano de obra y son altamente susceptibles al fraude. Pero con las cadenas de bloques, cuenta con libros de contabilidad accesibles al público que hacen que todos los distintos tipos de registros sean más eficientes y estén bien organizados. La mayoría de los países se están desviando hacia proyectos de registro de tierras basados en tecnología *blockchain*. Suecia, la República de Georgia y Honduras son algunos de los países que están experimentando con las diversas aplicaciones *blockchain* para administrar títulos de propiedad.

- **Administración de datos**: actualmente, quizás esté utilizando plataformas de redes sociales, como Facebook, de forma gratuita a cambio de sus datos personales. Sin embargo, Ethereum puede darle la oportunidad de administrar y vender de manera conveniente los datos generados por sus actividades en línea. Por ejemplo, el proyecto del MIT, Enigma ha incorporado los principios de privacidad del usuario como facetas esenciales en la creación de un mercado de datos personales. Mediante el uso de técnicas criptográficas, Enigma permite que se compartan conjuntos de datos individuales entre nodos mientras se ejecutan simultáneamente cálculos masivos en todo el grupo de datos. Además, Enigma permite la fragmentación de datos, una característica que lo hace más escalable.

- **Lucha contra el lavado de dinero y conocimiento de las prácticas de sus clientes**: los complejos procesos interminables de tantos pasos que requieren tanta mano de obra y que realizan las instituciones financieras para todos y cada uno de los nuevos clientes pueden ser una cosa del pasado con solo adaptar la tecnología *blockchain*. La tecnología de cadena de bloques reduce potencialmente dichos costos al facilitar la verificación de clientes entre instituciones, así como a mejorar la efectividad del seguimiento y análisis de transacciones. Por ejemplo, Polycoin tiene soluciones contra el lavado de dinero que involucran el análisis y el reconocimiento de transacciones sospechosas que son enviadas a los oficiales de cumplimiento par que tomen acción.

- **Administración de identidad**: la necesidad urgente de un mejor sistema de administración de identidad en la web no puede ser subestimada. Su capacidad para demostrar su identidad es un componente esencial de sus transacciones financieras en línea. Pero es posible que haya notado que las medidas de mitigación para los riesgos de seguridad asociados con el comercio web son inadecuadas y es posible que no garanticen un comercio justo. Esto se debe a que el desarrollo de estándares de identidad digital es un esfuerzo más complejo de lo que parece. Por ejemplo, obtener la cooperación tan necesaria entre el gobierno y el sector privado, así como la navegación por los sistemas legales de los diferentes países, resulta ser más desafiante de lo previsto. Al involucrar el uso de libros de contabilidad distribuidos en sus transacciones en línea, puede aprovechar una gran cantidad de recursos para verificar su identidad e incluso obtener una plataforma controlada para digitalizar sus documentos personales. El comercio electrónico en Internet depende del certificado SSL para transacciones seguras. Netki espera crear un estándar SSL para la cadena de bloques y mejorar las características de seguridad de las transacciones en línea.

- **Auditoría de la cadena de suministro**: los clientes están cada vez más ansiosos por determinar si las afirmaciones éticas hechas por las compañías sobre sus respectivos bienes y servicios son genuinas. La forma más fácil y eficiente de confirmar que la integridad de los bienes que compra es real es usar libros de contabilidad distribuidos. La marca de tiempo de una fecha y ubicación en particular, que corresponde al número del producto, proporcionada por la cadena de bloques, mejora la transparencia y puede contribuir significativamente a la lealtad del cliente. Cuando se integra con Internet de las cosas (IoT), *blockchain* garantiza la visibilidad en tiempo real de los productos, la verificación, el seguimiento de inventario y su certificado de identidad general. Por ejemplo, la aplicación Provenance, que tiene su sede en el Reino Unido, es reconocida por ofrecer auditorías de la cadena de suministro para diversos bienes de consumo. Por ejemplo, un proyecto piloto de Provenance basado en la cadena de bloques Ethereum garantiza que los proveedores indonesios capturen el pescado de forma sostenible antes de venderlo en restaurantes de sushi en Japón.

- ***Crowdfunding***: es posible que haya oído hablar de varias iniciativas de *crowdfunding* como Gofundme y Kickstarter. Estas iniciativas continúan redefiniendo la economía emergente entre pares, probablemente debido al hecho de que la mayoría de las personas desean tener una participación directa en el desarrollo de diversos productos. Puede usar la red Ethereum para llevar este interés a otro nivel y, potencialmente, crear fondos de capital de riesgo que sean de origen público.

  Por ejemplo, tan solo busque una idea única que pueda desarrollar en Ethereum. La idea puede implicar que necesite ayuda y algunos fondos para realizarla y darle vida. En esta coyuntura, no tiene que preocuparse y sentirse abrumado con la inmensa tarea que le espera. Simplemente use Ethereum y cree un contrato que pueda retener el dinero de sus donantes hasta la fecha especificada o cuando alcance su objetivo previsto. Las características de seguridad de Ethereum garantizarán que los fondos recaudados se reembolsen a los donantes o se liberen a los propietarios del proyecto. Nuevamente, los donantes pueden usar sus fichas o *tokens* de *ether* para controlar cómo se distribuyen las recompensas. Estas transacciones pueden llevarse a cabo sin la necesidad de entidades de confianza, o cualquier árbitro centralizado.

- **Almacenamiento de archivos**: como se señaló anteriormente, lo que hace que las cadenas de bloques sean tan revolucionarias es el hecho de que los datos se distribuyen a través de la red. Es más probable que encuentre que esta naturaleza de descentralizar el almacenamiento de archivos es más beneficiosa que el simple uso de servidores ordinarios. En particular, sus archivos están protegidos automáticamente de cualquier amenaza externa y no encontrará ningún problema cuando quiera acceder a sus datos. Además, con sitios web completamente descentralizados, Internet puede acelerar los tiempos de transmisión y transferencia de archivos. Ciertamente, esta es una mejora muy necesaria ya que sirve de manera conveniente como una actualización esencial de los métodos actuales de transferencia de contenido en la web, que están sobrecargados.

- **La economía del compartir**: el florecimiento de compañías como AirBnB y Uber da un claro testimonio de que el concepto de la economía del compartir es un éxito. Pero debe depender de un intermediario como Uber si está ansioso por llamar a un servicio de viaje compartido. Por lo tanto, la cadena de bloques puede allanar el camino para las interacciones directas entre las diferentes partes, a través de su capacidad para proporcionar una vía para los pagos entre pares. Un buen ejemplo de ello es la aplicación OpenBazaar, que utiliza la tecnología *blockchain* para configurar un eBay entre pares (*peer-to-peer*). Puede descargar la aplicación OpenBazaar y comenzar a realizar transacciones con sus proveedores sin incurrir en costos de transacción. Además, el protocolo tiene una ética "sin reglas", que garantiza que la reputación personal tenga un mayor peso en las interacciones comerciales que en el caso actual de eBay y otras compañías de venta en línea.

- **Gobierno**: la tecnología de base de datos distribuida de Ethereum puede mejorar la transparencia en cualquier proceso electoral en todo el mundo, a través de su característica destacada de hacer que el proceso de votación y los resultados resulten totalmente transparentes y accesibles al público. Los procesos de verificación de identidad, registro de votantes y la subsiguiente protección de los votos en el libro de contabilidad pueden garantizar de manera eficiente que todo el proceso electoral sea tan a prueba de manipulaciones como fuera posible.

De manera similar, suponga que desea contratar gerentes en su organización, hacer un montón de papeleo o llevar a cabo algunas reuniones de la junta directiva, para estos propósitos los contratos de Ethereum podrían recopilar propuestas de sus simpatizantes y presentarlas de manera tal que el proceso de votación sea completamente transparente para que pueda tomar decisiones informadas. Además, al emplear el uso de la aplicación Boardroom, sus procesos de toma de decisiones organizacionales pueden llevarse a cabo en la cadena de bloques utilizando el modelo de codificación de lógica de negocio. Esto significa que los procesos de administración de la información, el capital o los activos digitales de su empresa serán más transparentes y verificables, aunque se hayan eliminado múltiples etapas de aprobación, asegurando así fluidos y mejores mecanismos de resolución de disputas.

- **Mercados de predicción**: debe haberse dado cuenta de que las predicciones de los grupos sobre la probabilidad de un evento tienen un mayor nivel de precisión. Esto se debe a que obtiene una ventaja adicional de cancelar sus sesgos no examinados que pueden haber distorsionado su juicio al promediar las opiniones de diferentes secciones de la población.

Con las cadenas de bloques, puede obtener fácilmente opiniones de diferentes individuos y hacer predicciones precisas. Puede acceder a muchas **aplicaciones** en línea, especialmente a aquellas que comparten ofertas de acciones después de los eventos en el mundo real, y comenzar a ganar dinero con solo invertir en la predicción correcta. Al comprar más acciones con el resultado correcto, definitivamente obtendrá un retorno mayor independientemente de su capital inicial.

Puede arriesgar incluso una pequeña cantidad de fondos, digamos incluso menos de un dólar, pensar una pregunta, formularla y crear un mercado que dependa de un resultado previsto. Esto le ofrecerá la oportunidad de cobrar la mitad de todas las tarifas de transacción generadas por el mercado, y puede aumentar sus ganancias aprendiendo continuamente cómo adaptar sus preguntas para que coincidan con los eventos actuales y las situaciones de la vida real. Además, si es un fanático de las apuestas, puede beneficiarse de "BetHite", un producto de apuestas basado en contratos inteligentes, y puede potencialmente revolucionar la gama de apuestas entre pares en deportes y otros eventos relacionados.

- **Micro redes de vecindario**: es posible comprar y vender energía renovable generada por las micro redes en su vecindario. Una vez que sus paneles solares producen un exceso de energía, puede redistribuirlos automáticamente utilizando contratos inteligentes en la red Ethereum. Por ejemplo, la compañía Consensys, que desarrolla una gama de aplicaciones para Ethereum, se asoció e implementó el proyecto Transactive Grid, que utiliza los contratos inteligentes de Ethereum para automatizar la redistribución de la energía de la micro red entre varios usuarios.

- **Internet de las cosas**: se refiere a la gestión controlada por la red de determinados tipos de dispositivos electrónicos, como el monitoreo de la temperatura del aire en una instalación de almacenamiento determinada. La automatización de la gestión de sistemas remotos se hace posible mediante el uso de contratos inteligentes. La interacción y los vínculos combinados entre la red, los sensores y el software permiten el intercambio de datos entre mecanismos y objetos, lo que aumenta la eficiencia del sistema y mejora las prácticas de seguimiento de costos.

- **Registros médicos**: las cadenas de bloques le permiten proteger la información personal de su paciente con claves privadas. Y si es un gurú de la tecnología, también puede codificar registros de salud y almacenarlos de forma segura en estas. Por lo tanto, el uso de cadenas de bloques puede mejorar definitivamente la credibilidad y autenticidad de la atención médica, así como la industria de seguros en general. En pocas palabras, algunos de los usos de atención médica de *blockchain* son:

- o Trazabilidad y seguimiento en farmacias.
- o Refuerzo de las innovaciones seguras de sistemas de uso compartido remotos y móviles.
- o Realización de pagos.
- o Seguimiento de registros médicos.

Existen numerosas empresas relacionadas con la atención médica de cadena de bloques que pueden ser beneficiosas para usted. Una de estas compañías es MedRec, que administra los registros médicos a través de *blockchain*. MedRec proporciona datos a nivel de censo de sus registros de salud, y los datos a menudo se obtienen en forma tanto de investigación como de cadena de bloques clínicos. Inventada por investigadores graduados del MIT, la novedosa característica de diseño de MedRec se basa en cómo se validan los registros antes de agregarlos a la cadena de bloques. Los investigadores médicos son los mineros de MedRec y acceder a los datos de los registros médicos a nivel de censo es la recompensa de los mineros. Una vez que se implementa un sistema MedRec, se incorpora una interfaz de usuario para simplificar la forma en que los pacientes interactúan con los registros médicos, combinando varias instituciones.

Ethereum sigue evolucionando y nuevas aplicaciones se descubren cada día. Esto significa que las oportunidades de inversión también continúan evolucionando, y puede elegir un área de su interés y explorarla más a fondo.

Diferentes empresas nuevas están experimentando con varias aplicaciones para cumplir con la mayor cantidad de usos posibles en la red Ethereum. Esta es una clara indicación de que incluso si está menos centrado en la programación y la codificación, o no tiene tiempo para resolver problemas matemáticos complejos y desarrollar varias aplicaciones en la red Ethereum, aún puede ganar dinero simplemente ejecutando esas aplicaciones que ya se han desarrollado.

Inscribirse en algunos de los cursos de Ethereum también agudizará sus habilidades y aumentará su confianza en cómo manejar los desafíos emergentes. Como tal, es importante explorar las propuestas de venta únicas de Ethereum para tener una idea de qué obtener cuando se adentre en esto. Como se señaló anteriormente, las características únicas de Ethereum se encuentran en sus contratos inteligentes y el *ether*. Echemos un vistazo a lo que abarcan estas características.

Contratos inteligentes

Los contratos inteligentes de Ethereum se refieren a mecanismos irrefutables de intercambio controlados digitalmente que facilitan potencialmente las transacciones de valor directo entre partes o agentes no fiables. Un contrato inteligente implica cualquier contrato escrito en código y subido a la cadena de bloques por el creador. Los contratos inteligentes son esenciales para verificar, facilitar o exigir el cumplimiento o la negociación de comandos técnicos que están cargados económicamente, así como evitar el riesgo de contraparte, la colusión, los incidentes de inactividad y la censura. Idealmente, un contrato inteligente digitaliza el intercambio de cualquier cosa de valor, como acciones, propiedad, contenido o dinero, definiendo claramente las reglas y sanciones en torno al acuerdo, así como asegurando que esas obligaciones se cumplan automáticamente. Los contratos inteligentes se pueden describir como programas informáticos de funcionamiento automático destinados a implementarse automáticamente siempre que se cumplan condiciones específicas.

Por ejemplo, suponga que desea comprar una casa de su agente de bienes raíces. Puede hacerlo cómodamente mediante la cadena de bloques pagando con criptomonedas. Recibirá un recibo, que posteriormente se conserva en su contrato virtual. Su agente de bienes raíces también le dará la clave de entrada digital, que debe llegar a usted en la fecha especificada. Si no puede obtener la clave a tiempo, el *blockchain* le entregará automáticamente un reembolso. Además, si su agente de bienes raíces envía la clave antes de la fecha de compra, el sistema primero la guardará y le entregará la clave y la tarifa a su agente de bienes raíces en la fecha de vencimiento. Muchas personas atestiguan los contratos inteligentes y trabajan en la premisa de "Si... entonces...", para garantizar transacciones seguras. En este caso, está seguro de obtener la casa una vez que realice el pago requerido. Por lo tanto, puede utilizar contratos inteligentes para realizar tantas transacciones como sea posible.

Una vez que codifica su contrato inteligente y lo carga en la cadena de bloques, se convierte en una aplicación descentralizada, o un script autónomo, que se almacena para su posterior implementación por parte de la Máquina Virtual Ethereum (EVM). Discutiremos EVM más adelante. El punto importante a tener en cuenta es que los contratos inteligentes de Ethereum son fundamentales para adoptar una forma libre de conflicto de realizar transacciones en línea, ya que dan lugar a procesos más eficientes y simplificados que carecen de cualquier intervención humana. Con contratos inteligentes, no se necesita ninguna autoridad o agente para asegurar y garantizar la integridad de la transacción, sino que el sistema lo hace por usted.

Cómo funcionan los contratos inteligentes

Antes de seguir avanzando, quizás se esté preguntando cómo se traducen exactamente los contratos inteligentes en ganancias. Esto no es tan complejo como cree, especialmente si no está tan involucrado en la materia técnica detrás de la red Ethereum.

Según Wikipedia, los comandos arraigados en los contratos inteligentes de Ethereum se pagan en *ether*. El *ether* básicamente se refiere a la energía que ejecuta la red Ethereum. En términos simples, el *ether* se puede definir como una moneda virtual que se emplea para pagar la implementación de los contratos inteligentes de Ethereum, un proceso que consume recursos significativos. Así, como voluntario, puede ganar ether validando transacciones mientras mantiene toda la red lo más segura posible.

Técnicamente, los contratos inteligentes se basan en un sistema de codificación por computadora inteligente y avanzado. Los programas informáticos resultantes pueden codificar condiciones y consecuencias definidas, en las que los códigos involucrados se basan en consensos anteriores de las partes contratantes. Turing-complete es el lenguaje utilizado por Ethereum para permitir a los desarrolladores crear sus propios programas, ya que admite un conjunto más amplio de comandos computacionales. Una característica del lenguaje Turing-complete es la solidez. Estos **tutoriales** pueden ayudarle a aprender cómo usar el lenguaje. Básicamente, el potencial de contratos inteligentes se encuentra en:

- Funcionando como "cuentas de firma múltiple" en las cuales el gasto de fondos solo se permite cuando un cierto porcentaje de personas está de acuerdo.
- Gestión de acuerdos de usuarios.
- Provisión de utilidad a otros contratos. Esto significa que los contratos inteligentes pueden necesitar la asistencia de otros contratos inteligentes para poder funcionar. Esto suena complejo, ¿verdad? Considere este ejemplo: supongamos que su amigo realiza una apuesta en un día frío de invierno; eventualmente desencadena una secuencia de contratos relacionados. Estos necesitarán un contrato que pueda emplear el uso de datos externos para determinar el clima, mientras que otro contrato se usaría para liquidar la apuesta según la información recibida del contrato inicial, siempre y cuando se cumplan las condiciones.

- Almacenar cualquier información sobre la aplicación, como registros de miembros o información sobre el registro de dominio.

En teoría, los contratos inteligentes operan de la siguiente manera:

- Los términos del contrato primero deben traducirse a código de computadora: la idea es tener un sistema digital determinista. Por lo tanto, todas las cuestiones relacionadas con el contrato, como la resolución de disputas o el incumplimiento de contrato, deben estar claramente estipuladas.
- Las partes deben acordar qué código usar.
- El código debe ejecutarse de manera justa.

¿No es emocionante? ¡Vamos, piense en cualquier problema a resolver, cree un contrato, cárguelo en la plataforma Ethereum y comience a ganar algunos dólares! Como principiante, puede que su amigo digital, *the greeter*, le sea de utilidad. Un ejemplo de un contrato inteligente es el siguiente:

```
pragma solidity ^0.4.0;

contract Coin {
    // The keyword "public" makes those variables
    // readable from outside.
    address public minter;
    mapping (address => uint) public balances;

    // Events allow light clients to react on
    // changes efficiently.
    event Sent(address from, address to, uint amount);

    // This is the constructor whose code is
    // run only when the contract is created.
    function Coin() {
        minter = msg.sender;
    }

    function mint(address receiver, uint amount) {
        if (msg.sender != minter) return;
        balances[receiver] += amount;
    }

    function send(address receiver, uint amount) {
        if (balances[msg.sender] < amount) return;
        balances[msg.sender] -= amount;
        balances[receiver] += amount;
        Sent(msg.sender, receiver, amount);
    }
}
```

Un contrato destinado a implementar una forma simple de criptomoneda.

El uso de los contratos inteligentes de Ethereum ofrece muchas oportunidades que pueden hacer que las empresas sean más eficientes y rentables. En particular, los contratos de Ethereum eliminan la necesidad de terceros para la validación y autenticación de sus contratos, protegen a su empresa de la manipulación externa de los términos de su contrato, y garantizan la inmutabilidad y la automatización de tareas, así como procesos más rentables y más precisos. Además, los contratos inteligentes de Ethereum aseguran que la información de su negocio se guarda varias veces y que los usuarios de la cadena de bloques puedan acceder a esta fácilmente siempre que tengan claves privadas. Esto permite un acceso eficaz a la información, así como su verificación por consenso.

A pesar de que los contratos inteligentes parecen cambiar las reglas del juego en las transacciones en línea, aún se reciben con cierto nivel de escepticismo en todo el mundo. La principal desconfianza sobre el uso de los contratos inteligentes se deriva del hecho de que existe una ausencia de legislación sobre la aplicabilidad de los títulos registrados en la cadena de bloques. Además, no es posible que las autoridades intervengan o contengan a ninguna de las partes en caso de que actividades ilícitas se lleven a cabo mediante contratos inteligentes. Por lo tanto, los inconvenientes de confiar en los contratos inteligentes de Ethereum se basan en su tecnología criptográfica subyacente, que es en gran parte opaca para la mayoría de los procesos legales. Además, el uso de contratos inteligentes en una cadena de bloques pública significa que los errores, como los agujeros de seguridad, no pueden solucionarse fácilmente, a pesar del hecho de que son visibles para todos.

El *ether*

El *ether* simplemente se refiere al objeto de valor de la cadena de bloques Ethereum que se incluye en el código ETH y se negocia en varios *exchanges* de criptomonedas. El *ether* se utiliza para liquidar los pagos por servicios computacionales, así como las tarifas de transacción en la red Ethereum, y también se puede cambiar fácilmente por monedas fiduciarias como euros o dólares. Ya sea funcionando como cualquier otra moneda, como *bitcoin* o incluso el dólar, el *ether* es también el combustible que maneja la red Ethereum. Cuando complete una transacción, se le pagará en forma de *gas*. El proceso de verificación de datos en la cadena de bloques es impulsado por este *gas*. El *gas* representa la comisión de los mineros.

Los mineros realizan actividades costosas e intensivas en energía para procesar transacciones y mantener segura la red Ethereum. En particular, el *gas* da una medida de la complejidad de una operación. Por lo tanto, si una operación es más compleja, entonces cuesta más gas. Por ejemplo, si suma dos números, le costará 3 *gas*, mientras que multiplicar 2 números le costará 5 *gas*, ya que dicha operación es más compleja. El *gwei*, una moneda de denominación más pequeña que el *ether*, es lo que se usa para medir el precio del *gas*. Mil millones de *gwei* hacen un *ether*.

Por lo tanto, al desarrollar contratos inteligentes, debe hacer que el código sea lo más simple posible para reducir los costes de *gas* y alentar a los usuarios a interactuar con su aplicación. Tenga en cuenta que se sabe que las fichas o *tokens* de *ether* sufren volatilidad en el mercado. Esto se debe a que, a diferencia de una transacción de *bitcoin*, que lleva 10 minutos, las transacciones de *ether* duran 15 segundos, lo que repercute en su liquidez y volatilidad. Y a medida que muchas personas se interesan en Ethereum, su valor sigue aumentando y una sola transacción, que está marcada por una gran orden de venta, puede llevar a cambios significativos en su valor.

La liquidez del *ether* permite una rápida conversión hacia y desde monedas fiduciarias. Aun así, la oferta de *ether* es infinita y es impulsada por sus creadores y mineros. Los tecnólogos predicen que el valor de Ethereum solo se estabilizará una vez que logre su objetivo de ser una plataforma global descentralizada que permita interacciones entre humanos y miles de millones de dispositivos. El *ether* puede experimentar grandes altibajos, debido a los frecuentes movimientos de los inversores, pero se espera que el precio a largo plazo sea considerablemente mayor que el actual.

También es importante tener en cuenta que el lanzamiento del *ether* se caracterizó por el financiamiento colectivo y, como resultado, la mayoría de las personas que compraron esta moneda lo poseen. Los expertos predicen que es probable que el equilibrio cambie a favor de los mineros del *ether* en los próximos cinco años. Y cuando comience a invertir, siempre recuerde que Ethereum y Ethereum Classic son diferentes para evitar ser víctimas de planes fraudulentos. Ethereum Classic (ETH) es básicamente una escisión no oficial llevada a cabo por personas que no forman parte del equipo real del proyecto Ethereum.

Máquina Virtual Ethereum (EVM)

EVM se refiere al entorno de ejecución completamente aislado para los contratos inteligentes de Ethereum. Los códigos que se ejecutan dentro del EVM no pueden acceder a los sistemas de archivos, la red u otros procesos. El entorno se crea de tal manera que incluso los contratos inteligentes tienen acceso limitado a otros.

Un código EVM consta de una serie de bytes, y cada byte representa una operación determinada. Esta composición compara un código EVM con un lenguaje *bytecode* o código intermedio basado en pila. La ejecución del código es en forma de bucle infinito y la salida es una matriz de bytes de datos.

EVM es un software de Turing completo y puede permitir a cualquier desarrollador ejecutar cualquier programa, independientemente del lenguaje de programación utilizado, siempre que haya suficiente tiempo y memoria. Con la máquina virtual Ethereum, el proceso de creación de aplicaciones de cadena de bloques es más eficiente y más fácil de lo que lo era antes. Por lo tanto, miles de aplicaciones diferentes pueden desarrollarse potencialmente en la plataforma Ethereum.

Otras características notables que hacen que Ethereum sea valioso son:

- Soberanía: para que se validada una transacción en Ethereum, su saldo debe ser mayor que la cantidad que está enviando, independientemente del propósito para el que envíe o reciba los fondos. Además, como usuario de la red Ethereum, usted es libre de decidir cómo gastar sus fondos sin ninguna autorización. Encontrará que esto es más beneficioso durante esos tiempos difíciles en los que el país puede estar experimentando casos de control monetario e hiperinflación, ya que puede librarse del sistema de moneda fiduciaria.

- Matemáticas y escasez: como se vio anteriormente, las leyes de las matemáticas impulsan la cadena de bloques Ethereum. La distribución de la moneda de Ethereum está codificada de manera inmutable, está disponible públicamente y se llega a ella tras un acuerdo de consenso.

Habiendo visto una breve descripción de las diversas características de la red Ethereum y ganado confianza en cómo funcionan las criptomonedas, ahora puede ir más allá y comenzar a invertir en *ethereum*. El siguiente capítulo trata sobre la inversión en *ethereum* para permitirle tomar posesión del proceso y tomar decisiones informadas a partir de las opciones disponibles.

Capítulo 2: Invertir en *ethereum*

Puede comprar *ethereum* en cualquier *exchange* de *ethereum*. Después de comprar el *ether*, puede almacenar los fondos en su propia cartera segura o en el propio *exchange*. El almacenamiento en el *exchange* es más apropiado cuando se trata de pequeñas compras de *ethereum* porque puede acceder fácilmente a sus fondos. Sin embargo, si está considerando realizar grandes compras de *ethereum*, es mejor que mueva sus fondos a su propia cartera segura. Antes de pasar a los pasos de la inversión en *ethereum*, definamos algunos términos que encontrará en el curso de sus transacciones.

- **Minero de *ethereum***: esta es una máquina que compila las transacciones en bloques antes de insertarlas en la cadena de bloques o *blockchain*. El minero debe completar con éxito los difíciles problemas de cálculo antes de agregar bloques a la cadena de bloques.

- **Nodo Ethereum**: involucra cualquier dispositivo computacional que contenga una copia completa de la cadena de bloques Ethereum. Un grupo de miles de nodos, cada uno confirmando y validando cada transacción en la cadena de bloques, constituye la red Ethereum.

- *Exchange*: esta es una plataforma desde la cual puede comprar y vender criptomonedas. Busque bien para encontrar un buen *exchange*, es decir, uno que tenga una buena reputación y se adapte perfectamente a sus necesidades. El *exchange* que elija dependerá de factores tales como su preferencia personal, su lugar o área de residencia y las diversas leyes que rigen el comercio de criptomonedas. Recuerde, se le solicitará que se registre e incluso que proporcione alguna prueba de identificación antes de realizar transacciones en algunos de estos *exchanges*. Sin embargo, no necesariamente tiene que registrarse para obtener una cuenta en otros *exchanges*, como ShapeShift y Changelly, aunque estos se utilizan principalmente cuando ya tiene otras monedas que le gustaría convertir a *ether*. Como resultado, no se le pedirá que proporcione su información personal, eliminando automáticamente la necesidad de recordar contraseñas.

- **Capitalización de mercado**: se refiere al producto del valor total de la oferta de moneda y el precio de cada moneda. La capitalización de mercado se puede usar para estimar el valor de toda la red.

- **Moneda fiduciaria**: se refiere a cualquier moneda de curso legal, por ejemplo, libras esterlinas, euros o dólares estadounidenses.

- **Criptomoneda**: se refiere a cualquier activo que esté protegido por criptografía, principalmente aquellos activos basados en cadenas de bloques como *bitcoin* o *ethereum*.

- *Token ethereum*: recuerde que el objetivo principal de Ethereum es proporcionar una plataforma para crear aplicaciones descentralizadas (DAPPS). Una vez que las aplicaciones se construyen sobre Ethereum, pueden básicamente crear sus propias monedas. Dichas monedas se denominan fichas o *tokens ethereum* y están destinadas a convertirse en un componente importante en el ámbito comercial de la criptomoneda. A la larga, descubrirá que cualquiera puede crear un *token*, lo que es una buena noticia, ya que simplemente puede invertir un *token* en su aplicación existente y utilizarlo para comenzar a recaudar fondos. Sin embargo, siempre tenga cuidado antes de considerar las inversiones en dichos *tokens*, ya que es posible que algunos de estos no sean para propósitos legítimos y que eventualmente podría perder su inversión.

- **Clave privada**: se le pedirá que tenga una cartera *ethereum* para realizar transacciones en la plataforma Ethereum. La cartera *ethereum* viene con una clave privada. Esta clave privada simplemente se refiere a la clave de su cartera. Debe mantenerla lo más secreta posible. Si alguien más obtiene su clave privada, significa que automáticamente tendrá acceso completo a su cartera y a los fondos que contiene. A medida que crea su cartera, se le pedirá que genere una copia de su clave privada. Normalmente, una clave privada se genera sin conexión en la mayoría de las carteras y casi nunca se envía a un servidor para evitar ser interceptada por terceros. Realice siempre una copia de seguridad y almacene de forma segura su clave privada, porque si la pierde, automáticamente perderá sus fondos.

Las siguientes razones pueden motivarlo a invertir en *ethereum*:

- Puede comprar *ethereum* para utilizarlo: pago de salarios a nivel internacional, operación de contratos inteligentes, interacción con dispositivos de Internet de las cosas basados en *blockchain*, etc.

- Puede comprar *ethereum* para invertir: en este caso, puede diversificar su cartera de inversiones tradicional, protegerse contra el sistema fíat actual o acceder a inversiones de *blockchain*, como ventas de *tokens*, etc.

Al igual que en cualquier otro plan de inversión, es prudente tener una estrategia de inversión mientras se inicia en *ethereum*. Debe evaluar objetivamente su propio nivel de tolerancia al riesgo personal antes de realizar cualquier movimiento. Consultar con un asesor financiero puede ser una buena idea, ya que está familiarizado con los problemas relacionados con la volatilidad del mercado y las tendencias emergentes en la industria. Algunos de los puntos a considerar en el momento de la estrategia son:

- Practique comprar y retener: esta estrategia parece ser la tendencia en la red Ethereum. La fuerza impulsora detrás de esta estrategia es la firme creencia de que incluso si el *ethereum* reemplaza solo una fracción de cualquier moneda fiduciaria, tendrá un valor mucho mayor de lo que tiene en este momento. Además, es probable que suceda lo mismo si Ethereum se adopta ampliamente como la única criptomoneda para la "forma de pago por Internet" y permite que una amplia gama de dispositivos realice transacciones de valor eficientes entre sí.

  Debido a la volatilidad del *ether*, se recomienda que considere el concepto de "promedio de coste en dólares". Intente realizar su inversión distribuyendo el coste total en un período de tiempo determinado para así comprar el *ether* a un precio promedio. Sea prudente y compre más cuando los precios sean bajos para compensar lo que compró o es probable que compre a precios altos. Después de comprar, asegúrese de almacenar su *ether* de forma segura. El almacenamiento de *ether* en carteras en línea, *exchanges*, carteras de computadora o aplicaciones móviles en línea no es seguro a largo plazo. Puede usar las siguientes opciones para el almacenamiento a largo plazo de *ether*:

  o Carteras de papel *ether*: las carteras de papel no son vulnerables a la piratería en línea porque las almacenará en cualquier ubicación fuera de la red que sea segura y accesible solo para usted, como una caja de seguridad, etc. Una vez almacenada allí, cualquier falla en los dispositivos informáticos no será problema. Sin embargo, debe tener cuidado ya que su contraseña puede filtrarse a otras personas al crear su cartera de papel. Además, no debe perder su cartera de papel, ya que esto básicamente significa que su dinero se ha perdido por completo. Puede seguir los siguientes pasos para crearla:

- Busque una **impresora láser** "tonta". Como precaución de seguridad, su impresora tan solo debe tener conectividad USB y una capacidad de memoria muy pequeña. Recuerde, un pirata informático puede robar su contraseña interceptándola desde una transmisión WIFI o desde la memoria de la impresora. La impresora debe ser lo más simple posible. Además, no compre una impresora de inyección de tinta para que la tinta no se corra en entornos húmedos.

- Consiga **papel impermeable**, especialmente uno que sea particularmente adecuado para impresoras láser. Tal papel también es resistente a la rotura. No querrá perder sus fondos porque su cartera de papel se moje.

- Una vez que esté en línea, cree su primera cartera con un **generador de carteras**. Puede desconectarse una vez que obtenga su primera dirección. Antes de imprimir la cartera, asegúrese de haber generado una nueva dirección. Nuevamente, este es un paso delicado porque el sitio web puede transmitir la información de la cartera a un *hacker*.

- Imprima su cartera, asegurándose de que se genere una nueva cartera cada vez. Es posible que tenga que hacer varios intentos para descubrir cómo alinear correctamente el frente y la parte posterior. También es una buena idea guardar sus carteras en PDF y almacenarlas en una unidad flash cifrada. Sin embargo, siempre tenga en cuenta que tener muchas copias de seguridad aumenta las posibilidades de que alguien le robe su *ether*.

- Por último, oculte la clave privada doblando la cartera de papel. La clave privada es la contraseña que le permite gastar sus fondos de la cartera, por lo tanto, debe protegerla.

- Dependiendo de su nivel de sofisticación, puede obtener **sellos seguros** para saber si alguien ha estado mirando su clave privada o no.

Una vez haya transferido su moneda al papel, asegúrese de que el papel esté almacenado en un lugar seguro. Puede usar su aplicación de cartera móvil o cartera en línea cuando quiera obtener sus fondos del papel a su banco o al *exchange* que elija.

  o Carteras *hardware*: Trezor es una de las carteras de *hardware* que puede utilizar. Esta no puede ser *hackeada*, ya sea en línea o sin conexión. Le brinda la oportunidad de hacer una copia de seguridad de su cartera y restaurarla cada vez que pierda su dispositivo. Es fácil de usar, muy duradera, resistente al agua y puede almacenar simultáneamente múltiples criptomonedas. Pero debe tener cuidado: asegúrese de que nadie reciba su tarjeta de recuperación porque su PIN podría ser restablecido. Además, es probable que Trezor sufra todas las vulnerabilidades de cualquier otro dispositivo electrónico y al almacenar todo su *ether* en un lugar le facilita a cualquier persona que tenga su PIN el robo.

Una combinación de cartera de hardware y cartera de papel es la mejor manera de lograr una combinación perfecta para retener y comprar. Pero puede elegir la opción que funcione mejor para usted.

- Compra y diversificación: como principiante, puede encontrar esta estrategia muy ajustable ya que no puede predecir el futuro del *ethereum*. A pesar de que no es probable que desaparezca pronto, una criptomoneda poco conocida podría volverse dominante en un corto período de tiempo y costarle mucho. Por lo tanto, puede considerar comprar *ethereum* e intercambiar por otros criptovalores como Ethereum Classic (ETC) y Ripple (XRP) para ayudarlo a protegerse contra cualquier falla imprevista en el rendimiento de cualquier moneda, especialmente si su inversión es de más de 400 dólares. Recuerde que *ethereum* ha superado a *bitcoin*, probablemente debido a su característica de contratos inteligentes, por lo que otra innovación también podría surgir y superar a *ethereum*. El punto importante a considerar es que, si bien una moneda puede fallar, la visión de futuro es que los criptovalores de algún tipo pueden volverse omnipresentes. Al diversificar su inversión, podría adoptar un plan como:

- o Invertir el 10% en apuestas de juego: esto puede incluir *tokens* de alto riesgo.
- o Invertir el 30% en una participación que es de riesgo, pero atractiva: deben ser monedas que usted prevea que pueden experimentar algún crecimiento en el futuro cercano. Invertir en *tokens* que tienen un capital de mercado de menos de 300 millones de dólares puede ser una buena idea.
- o Invertir el 60% en un negocio seguro: su inversión segura debe ser el *ethereum*, obviamente. Puede ver al *ether* como seguro porque potencialmente representa una estabilidad moderada y una clara tendencia ascendente.

Con la diversificación, asegúrese de mantenerse actualizado sobre las tendencias del mercado. Puede descubrir que una inversión que fue buena hace un mes podría no ser tan atractiva en este momento. Por lo tanto, manténgase informado para reaccionar lo más rápidamente posible. Puede suscribirse a boletines semanales fiables donde se lleve a cabo un análisis de mercado en tiempo real. Usted puede registrarse para uno **aquí**.

- Comercio de *ethereum*: esta empresa no es para los débiles de corazón, ya que implica un riesgo agravante en un activo que ya es volátil. Pero recuerde, las empresas arriesgadas son las que están cargadas con enormes ganancias. Si siente que tiene suficiente fuerza para soportar el impacto, entonces trate de intercambiar criptomonedas en varios *exchanges*, como GDAX y Poloniex. Solo asegúrese de que su *exchange* le brinde la posibilidad de establecer diferentes órdenes pendientes, así como detener pérdidas. Si su *exchange* no le brinda esas opciones, entonces debe configurar alertas para permitirle estar al tanto de los movimientos del mercado y realizar operaciones de forma manual. El **plan pro** es el único *exchange* que proporciona alertas.

Utilice TradingView para configurar alertas, y se recomienda que se convierta en un operador activo para beneficiarse más. Primero busque el par de divisas de ETHUSD en el cuadro de búsqueda antes de agregarlo a su lista de seguimiento y hacer clic en él para que aparezca el chat. Luego, haga clic con el botón derecho en el gráfico donde se agregará una alerta. Por ejemplo, suponga que desea agregar una alerta cercana al máximo más reciente, digamos cerca de 400 dólares, ya que está interesado en venta larga. Puede incluir otra alerta para informarle siempre de que haya precios bajos y pueda ser el momento adecuado para comprar. Esto puede verse así:

Invertir en *ethereum* requiere que tenga una cartera digital. Tenga en cuenta que el comercio de *ethereum* no está disponible en las principales plataformas de valores. Y, a medida que invierte, recuerde siempre que el *ether* (ETH) es una moneda. En otras palabras, con *ether*, usted no compra acciones como ETF o cualquier otra acción. De hecho, su inversión significa que simplemente está cambiando sus fondos en moneda fiduciaria, digamos dólares estadounidenses, por *tokens* de *ether*; su inversión no atraerá dividendos ni pagos. Sin embargo, su principal motivación es el hecho de que, en el futuro, otras personas en Internet comprarán sus *tokens ether* a un precio más alto que el que los compró.

La cartera de *ethereum*

Por lo tanto, antes de comprar *ether*, debe familiarizarse con el *software* de la cartera y las transacciones en línea en general. Esto se debe a que la mayoría de los criptovalores tienen reglas y procedimientos operacionales estrictos que a veces pueden llegar a ser extremadamente inflexibles. Si realiza tan solo un pequeño movimiento en falso al recibir o enviar una transacción, es probable que pierda el valor de la transacción por completo o incluso su valor crediticio en toda la red. Ocurre lo mismo con *ethereum*.

Además, al igual que cualquier otra cartera ordinaria, su cartera de *ethereum* también puede ser "robada". Su cartera de *ethereum* corre el riesgo de ser pirateada si la deja almacenada en un dispositivo que está conectado a Internet la mayor parte del tiempo. Recuerde, no puede recuperar una cartera robada. Ningún tribunal puede ayudarlo a recuperarla, y revertir cualquier transacción accidental no es posible. Por lo tanto, intente comprender un poco la tecnología detrás de la cartera *ethereum* y siempre tenga cuidado cuando realice sus transacciones.

Esa pieza de *software* que almacena o mantiene sus fondos *ether* y otros *tokens* basados en *ethereum* es lo que se llama una cartera *ethereum*. Las carteras *ethereum* se producen en forma de carteras de hardware / papel, una aplicación móvil / web, una aplicación de escritorio o cualquier otro *exchange* en línea. Puede descargar la cartera *ethereum* autorizada de **Ethereum.org**. Una vez que abra este sitio web, especialmente como nuevo usuario, se recomienda que descargue la opción cliente ligero y no el nodo completo. Con un nodo completo, también se le pedirá que descargue la cadena de bloques Ethereum completa, que es muy pesada, para usarla como cartera. Esto es bastante tedioso. Sin embargo, con un cliente ligero no tiene que preocuparse por obtener la cadena de bloques completa para que funcione.

A veces, el sitio web de Ethereum puede ser un poco difícil de navegar. Como tal, se han creado otros sitios web para permitir a los inversores interactuar con el sitio web principal de Ethereum. Usaremos uno de estos sitios web, **myetherwallet.com**, para crear una cartera *ethereum*. MyEtherWallet es una página web estática para intentar minimizar los riesgos de seguridad. Pero debe descargar el sitio web para minimizar el riesgo de acceder a una página incorrecta. Al descargar el sitio web, también podrá utilizar MyEtherWallet incluso cuando no esté conectado a Internet. Los siguientes pasos pueden ayudarle a comenzar:

- Descargue la última versión del **sitio web** MyEtherWallet. Es un archivo zip, pero asegúrese de que sea el "etherwallet-v..." y no la extensión de Chrome. Al descomprimir el archivo, aparecerá una lista de archivos del sitio web.

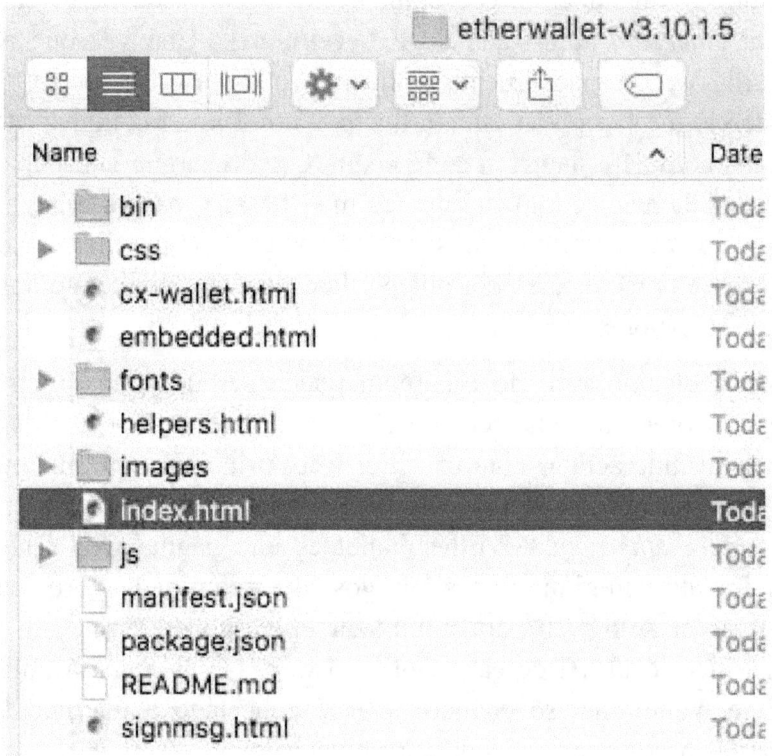

- Inicie MyEtherWallet haciendo doble clic en "index.html".

- Ahora, está listo para crear su cartera *ethereum* protegida por contraseña. Nadie podrá duplicar accidentalmente esta contraseña (de hecho, la cantidad de carteras de *ethereum* es mayor que la de átomos en el universo). En este punto, apague su conexión a Internet antes de continuar. Para mejorar su seguridad en línea, puede usar un ordenador que rara vez o nunca esté conectado a Internet. Tales computadoras son comúnmente llamadas como una computadora de "espacio vacío". Esta es una buena medida de precaución, ya que lo ayudará a minimizar el riesgo de que alguien haya pirateado su ordenador y continúe monitoreando de forma remota sus actividades en línea.

- Cree su nueva cartera. Piense en una contraseña segura que no pueda olvidar y escríbala en el cuadro. Luego haga clic en "Crear nueva cartera".

The MyEtherWallet form to generate a new wallet.

- Luego se le pedirá que haga clic en "Descargar archivo de almacén de claves". Este proceso le ayuda a guardar su cartera. La pantalla se verá así:

Save your **Keystore** File.

Download Keystore File (UTC / JSON)

Do not lose it! It cannot be recovered if you lose it.
Do not share it! Your funds will be stolen if you use this file on a malicious/phishing site.
Make a backup! Secure it like the millions of dollars it may one day be worth.

I understand. Continue.

Consiga una memoria USB encriptada y guárdela allí. Su dispositivo USB no debe quedarse en su computadora con el fin de evitar cualquier riesgo de robo. El archivo generado llevará un nombre como "UTC - 2017–08–11T15–29–26.452Z - 45…". Haga clic en "Entiendo. Continuar" para continuar con el proceso. Una vez que se abra la página siguiente, verá un texto sin formato que contiene su "clave privada". Esta es simplemente una versión en texto sin formato del archivo de almacén de claves que descargó y no tiene que guardarlo puesto que ya lo tiene. Su "clave privada" no está protegida con contraseña.

- Opcionalmente, puede imprimir una "cartera de papel", que es básicamente una versión en papel del archivo de almacén de claves que ya ha guardado. Esto es para protegerlo en caso de que olvide su contraseña o pierda su archivo de almacén de claves. Una vez que lo imprima, guárdelo de manera segura porque si alguien accede a la cartera de papel, definitivamente perderá su *ethereum*.

- Ahora haga clic en "Ver mi dirección".

- Luego, puede continuar para confirmar su saldo después de desbloquear su cartera. Su pantalla debería verse así:

Simplemente haga clic en la pestaña "Ver información de cartera", seguida de "Seleccionar archivo de cartera". ¿Recuerda el archivo de almacenamiento de claves "UTC - 2017–08–11 ..." que había guardado anteriormente? Puede hacer clic en "Desbloquear" después de escribir su contraseña del almacén de claves.

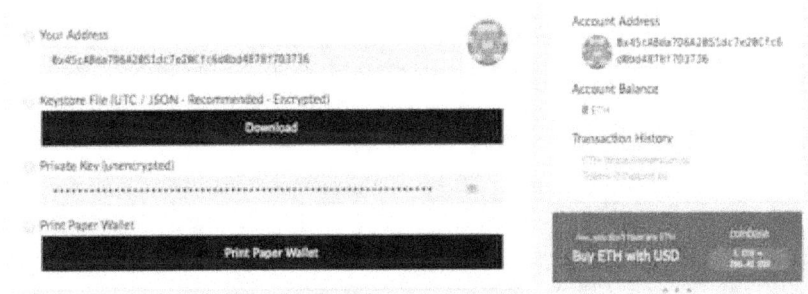

An Unlocked Ethereum Wallet

Después de desbloquear, debería poder mostrar opcionalmente la clave privada, los vínculos del historial de transacciones, su saldo de *ether*, su dirección pública, como "0x45cABda7D6A2051dc7e20Cfc6d0bd4878f7D3736", e incluso imprimir su cartera de papel. **No comparta su clave privada**. Sin embargo, deberá compartir su dirección de cuenta para poder recibir *ether*.

- Su balance de *tokens* también es visible en el lateral. Estos generalmente aparecerán como *tokens* ERC20 y representan

BAT y AIR que también puede almacenar en su cartera *ethereum*.

Token Balances

0	1ST
0	300
0	ADST
0	ADT
0	ADX
0	ANT
0	APT
0	ARC
0	ATH
0	AVA
0	BAT

ERC20 Token Balances

Puede hacer clic en "Mostrar todos los *tokens*" para revelar sus balances en cada *token*. ¡Ahora puede comenzar a comerciar!

- Comience por recibir *ether*. ¡Nada especial es necesario aquí! Solo necesita compartir la dirección pública de su cartera Ethereum ("0x45cABda7D6A2051dc7e20Cfc6d0bd4878f7D3736") con la persona de la que desea recibir el *ether*. Puede hacer clic en "Ver información de cartera" para verificar su saldo de *ether*.

También puede recibir *ether* comprándolo de su *exchange*. Después de comprar *ethereum*, la función de retiro normalmente solicita la dirección de su cartera. Luego puede ingresar su dirección, así como la cantidad de *ether* que le gustaría retirar a su cartera. Después de la confirmación del sistema, se le mostrará un *hash* de transacción. Verá su *ether* en su cartera como "pendiente" de inmediato, y puede usar **Etherscan.io** para seguir su número de verificaciones.

Hay muchas formas de comprar *ethereum*. Las exploraremos más tarde.

- También puede enviar *ether*. Puede enviar *ether* tanto si está conectado como si no. Pero es más seguro usar su cartera fuera de línea porque puede reducir la probabilidad de que *hackers* le roben su cartera. Para enviar *ether* mientras aún está en línea, simplemente desbloquee su cartera después de hacer clic en la pestaña "Enviar *ether* y *tokens*".

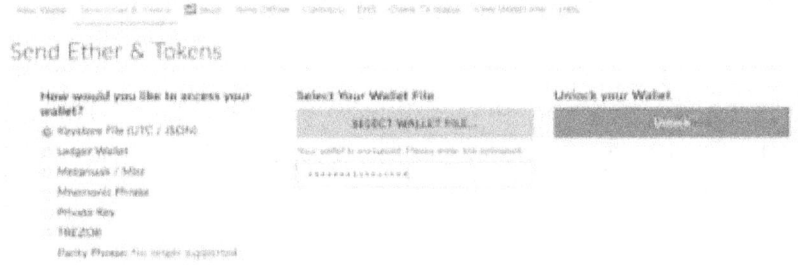

- Después de desbloquear, aparecerá una página que muestra la cantidad "A la dirección" y el límite de *gas*. Y en caso de que su billetera contenga otros *tokens* ERC20, simplemente haga clic en la flecha hacia abajo de ETH para cambiar a la moneda de su elección. El "límite de *gas*" se refiere a la comisión máxima que la red le cobrará para ejecutar su transacción. Recuerde que los nodos individuales, que representan a personas de diferentes partes del mundo que participan voluntariamente en el molesto trabajo de procesamiento de la red, impulsan la red Ethereum. Por lo tanto, les paga una tarifa para que puedan procesar su transacción. Deje el valor predeterminado de 21000, que equivale de 5 a 30 centavos de dólar como tarifa de transacción. Normalmente, el sistema establece automáticamente el límite de *gas*; sin embargo, siempre verifique dos veces el coste, porque es probable que se produzcan errores de cálculo. Tampoco es necesario especificar la "dirección de origen", ya que esta dirección se seleccionará automáticamente en función del saldo que contenga cada dirección.

Se creará un *hash* de transacción y se le mostrará en su pantalla, una vez que envíe su transacción de *ether*. Al colocar este *hash* de transacción en un explorador de bloques, también puede acceder a los mismos detalles, como los que se muestran en su pantalla, de su nueva transacción.

Aun así, su cartera *ethereum* creará automáticamente una cantidad de direcciones de recepción. Estas direcciones de recepción también se conocen como claves públicas y normalmente son una función de su clave privada. De nuevo, tiene la libertad de compartir direcciones de recepción sin riesgo de robo, a diferencia de su clave privada, y cualquier pago a estas direcciones de recepción también agregará *ether* a su cartera .

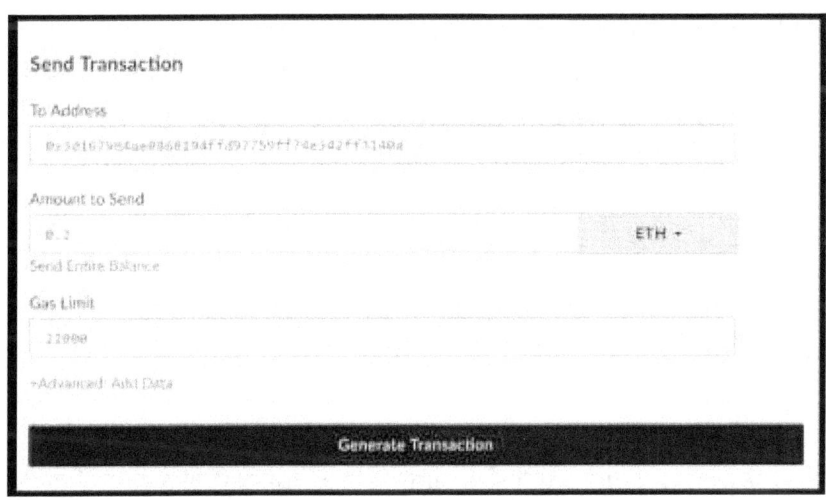

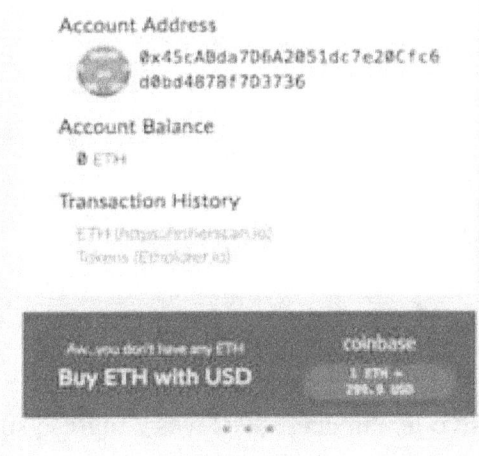

- Enviar una transacción sin conexión es más o menos lo mismo. Solo que no podrá ejecutar la transacción hasta que esté en línea. Al enviar una transacción sin conexión, puede eliminar de forma segura su almacén de claves del ordenador (simplemente desconectando su USB) y evitando que se conecte a Internet.

- Mientras se encuentra en la pestaña "Enviar sin conexión", copie la dirección de su cartera *ethereum* en el campo "Desde dirección", antes de hacer clic en "Generar información".

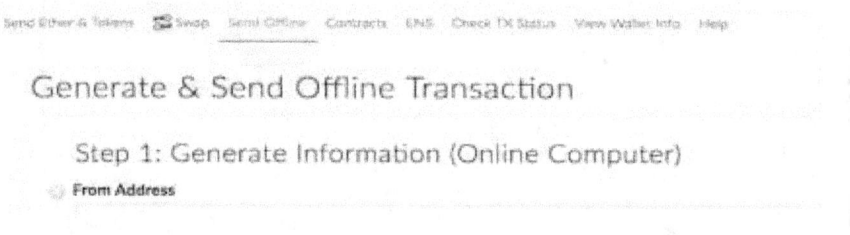

- Luego, ingrese la dirección *ethereum* a la que desea enviar los *tokens* de *ether*, antes de ingresar el tipo y el valor. Puede dejar que los valores de límite de *gas* y precio del *gas* se mantengan en los valores predeterminados.

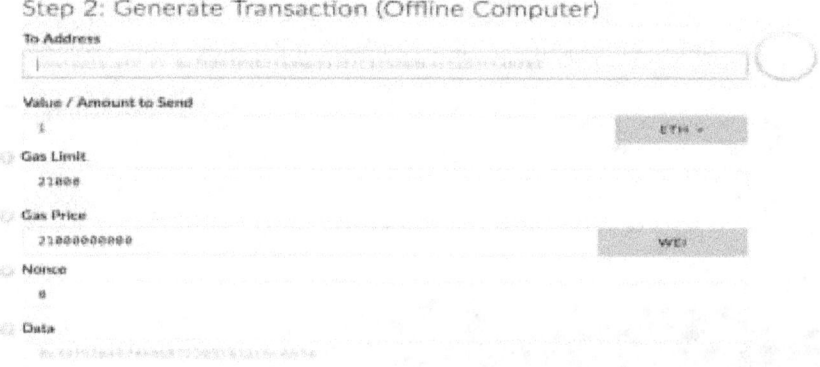

- Ahora, seleccione su archivo de almacén de claves e ingrese su contraseña para desbloquearlo. Continúe haciendo clic en "Generar transacción".

- Finalmente, copie el texto "Transacción firmada" y transfiera esta transacción a un ordenador diferente para completarla.

O, simplemente, puede seguir utilizando el mismo ordenador conectándolo a Internet, pero debe extraer su almacén de claves (que es su cartera real) antes de comenzar a ejecutar la transacción. Esta es una medida de seguridad que debe tomar para asegurarse de que su cartera no esté conectada a Internet.

Y ahora que ya tiene su cartera, puede avanzar y comprar *ethereum*.

Comprar *ethereum*

Dado que el *ethereum* es relativamente joven, no es probable que se encuentre con muchos proveedores que lo vendan. Como resultado, comprar *ethereum* puede no ser fácil, especialmente para un principiante. En primer lugar, echemos un vistazo a algunos de los proveedores y *exchanges* desde donde puede comprar *ether*.

- Coinbase: se considera que es la forma más barata y práctica de comprar y vender *ethereum* y puede comprarlo con su tarjeta de crédito o débito. Coinbase vende *ether* a una tarifa de entre 1.49% y 3.99%, dependiendo de su método de pago preferido. También permite comprar *ether* utilizando su cuenta bancaria, especialmente si vive en el Reino Unido, Estados Unidos, Singapur o Canadá. En los EE. UU., comprar con una cuenta bancaria tardará al menos 7 días porque el sistema bancario ACH tarda un poco en procesar las transacciones. Pero el proceso lleva menos de 2 días en Canadá, el Reino Unido y Europa, especialmente si está utilizando la transferencia SEPA para depositar en su cuenta. Coinbase lo lleva a través de un proceso de verificación y si realiza compras superiores a cien dólares, recibirá automáticamente un bono de diez dólares. Se requiere un depósito mínimo de un dólar Coinbase. Tenga en cuenta que Coinbase también presume de ser el único sitio regulado de los EE. UU. que tiene seguro sobre fondos, de hasta 250.000 dólares y un historial verificado.

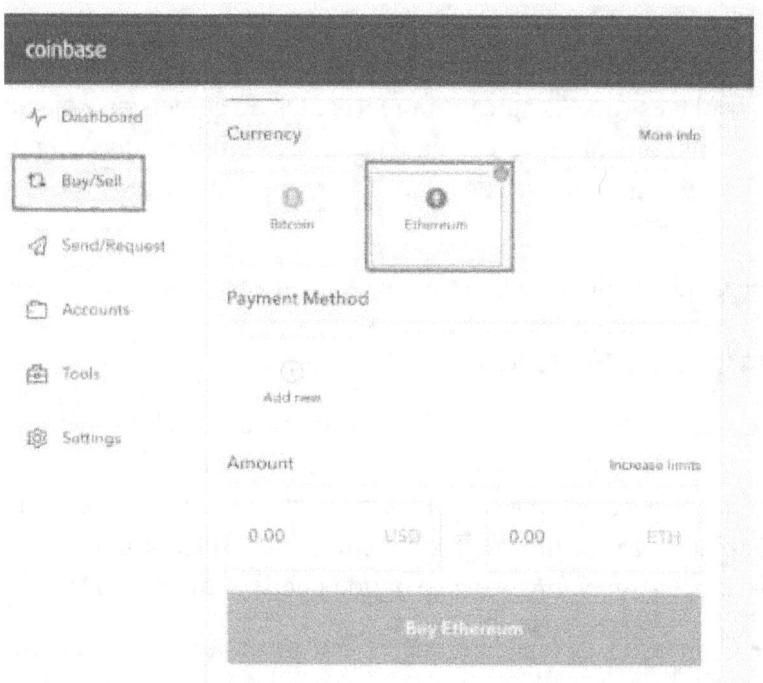

- CEX.IO: este es un sitio de minería en la nube que se estableció en 2013. Actualmente, funciona como una criptomoneda y se especializa en *tokens ether* y *bitcoin*. Puede usar tarjetas de pago, como tarjetas de crédito virtuales como Payoneer y NetSpend, y transferencias bancarias para comprar *ether* de CEX.IO. Los depósitos de criptomoneda no generan cargos, mientras que se cobra un cargo de diez dólares o 3.5% + 0,25 USD en transferencias bancarias y tarjetas de crédito, respectivamente. Además, tenga en cuenta que deberá pagar un 0.2% por las transacciones posteriores. La buena noticia es que CEX.IO se encuentra en todo el mundo.

- Coinmama: este es un sitio web fácil de usar que se especializa en la venta de *ether* y *bitcoins*. Puede comprar *ether* en este sitio web mediante transferencias de dinero de Western Union y tarjetas de crédito.

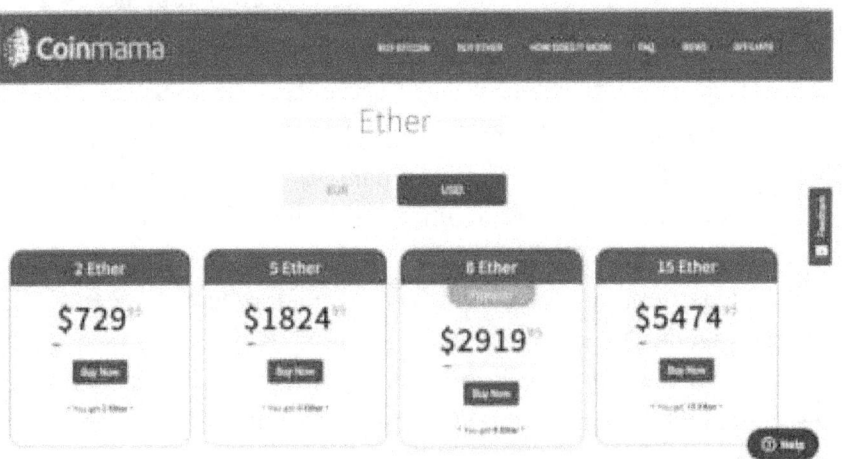

- BitPanda: esta es la plataforma más completamente automatizada para la compra de *ether* y *bitcoins*. BitPanda admite los métodos de pago más prácticos, como PayPal, transferencia bancaria y tarjetas. Necesitará un depósito mínimo de 25 dólares y esta plataforma le resultará muy fácil de manejar como principiante.

- EXMO: también es otro *exchange* de confianza de criptomoneda en línea desde donde puede comprar *ethereum* utilizando una gran variedad de sistemas de pago como *bitcoins*, transferencias bancarias y tarjetas de crédito.

- Alfacashier: puede usar esto si está ansioso por probar un *exchange* eficaz en línea que ofrezca múltiples direcciones de intercambio. Permite transferencias de Perfect Money, *bitcoin* y SWIFT / SEPA.

- Localethereum: si está interesado en realizar transacciones en mercados anónimos, esta plataforma es la mejor para usted. Localethereum facilita la compra y venta de *ether* mediante contratos inteligentes. Se lanzó el 20 de octubre de 2017 y puede permitirle comprar *ethereum* desde cualquier lugar del mundo. Acepta pagos en efectivo, PayPal, transferencia bancaria e incluso criptomoneda. Sin embargo, necesita un depósito mínimo de un dólar y puede que le resulte un poco tedioso de navegar como principiante.

Otros *exchanges* son: Gemini, Bitfinex, Kraken, GDAX, eToro, Poloniex y BTC-e. El método de pago que utilice para comprar *ethereum* dependerá de sus objetivos e incluso de su conveniencia. Por ejemplo, si está interesado en utilizar un método que ofrezca tarifas bajas, entonces debería usar transferencia bancaria. Sin embargo, tendrá que esperar más tiempo antes de que se pueda completar su transacción. Pero si le importa su privacidad, primero debe considerar comprar *bitcoins* en privado antes de acercarse a su *exchange* para comprar *ether*. Y si tiene prisa, una tarjeta de crédito será la opción más adecuada para usted.

En general, puede ver que el proceso de compra de *ethereum* varía de un *exchange* a otro, sin embargo, es simple y se caracteriza por ciertos pasos básicos que son:

- Registrarse en el *exchange* de elección: se le solicitará que envíe algunos de sus datos personales. Se realizarán verificaciones de identidad, especialmente cuando haga un depósito o realice transacciones de retiro.

- Completar la identidad o conocer los cheques de sus clientes (KYC): su *exchange* siempre llevará a cabo comprobaciones de KYC y contra el lavado de dinero (AML) antes o después del depósito o antes de realizar cualquier retiro. Por lo tanto, se le pedirá que verifique su cuenta de varias maneras. Por ejemplo, es posible que tenga que proporcionar un comprobante de domicilio, así como una identificación con foto. Además, su cuenta tendrá que pasar una inspección reglamentaria antes de continuar con sus transacciones. El proceso de verificación normalmente dura entre 1 y 2 días, dependiendo de cuán ocupado y popular sea su *exchange*.

- Elegir un método de depósito: los diferentes *exchanges* tienen diferentes métodos bancarios. Puede encontrar una combinación de PayPal o pagos con tarjeta de crédito / débito, SEPA o transferencias bancarias y diferentes métodos conllevan diferentes cargos. Puede encontrar detalles de los cargos en el pie de página del sitio web del *exchange*, antes de realizar cualquier depósito.

- Hacer un depósito: esto se puede hacer usando su moneda fiduciaria, como euros, dólares estadounidenses, etc. El tiempo necesario para que los depósitos se reflejen en su cuenta del *exchange* puede variar desde unas pocas horas hasta varios días, dependiendo del método de depósito y del *exchange*.

- Finalmente, puede comenzar a comprar *ether* utilizando los fondos que ha depositado: los distintos *exchanges* tienen interfaces que funcionan de manera diferente, pero tendrá que pasar por los procedimientos de verificación y luego esperar por un tiempo para permitir que el sistema procese su transacción. El tiempo de procesamiento varía según el número total de transacciones solicitadas a la vez. Le resultará fácil realizar este paso en **Coinbase** porque es más fácil de usar que otras plataformas. ¡Buena suerte!

A veces, la compra de *ethereum* puede parecer un proceso largo, ya que el sistema bancario tradicional es muy lento. Los pagos bancarios y de tarjetas de crédito requieren procesos de verificación laboriosos y la mayoría de los *exchanges* siempre tendrán que esperar la liquidación de pagos antes de transferirle el *ether*. Sin embargo, recuerde que estas son transacciones en línea y puede arriesgarse a perder su inversión. Por lo tanto, las siguientes actividades deberían formar parte de su debido procedimiento de seguridad.

- Siempre copie y pegue la dirección de su cartera: evite escribir la dirección de la cartera a mano. Recuerde, una dirección de billetera es larga y distingue entre mayúsculas y minúsculas, lo que significa que perderá sus fondos para siempre si comete un solo error. Esto se debe a que Ethereum no tiene un número de devolución de cargo o de atención al cliente al que pueda llamar instantáneamente para obtener ayuda.

- Compruebe la comisión de transacción: normalmente, el sistema le mostrará la comisión calculada en su moneda fiduciaria local, por ejemplo, en dólares y centavos. No se apure. Tómese el tiempo y confirme si la comisión de transacción es razonable o no.

- Confirme la dirección al menos 3 veces: después de copiar y pegar la dirección a la que desea recibir o enviar *ether*, compruebe que sea correcta comprobándola una y otra vez. La forma más sencilla de hacerlo es examinar los primeros y últimos dígitos o letras para asegurarse de que estén pegados correctamente. Este es un paso importante, a pesar de que un buen *software* de cartera *ethereum* también debería confirmar la dirección a la que desea enviar o recibir *ether*.

- Transacción de prueba: al comenzar, intente enviar una cantidad insignificante de *ether* para confirmar que todos los detalles son correctos y también probar su comprensión general del proceso. Al hacerlo, ganará confianza y realizará transacciones que involucren el envío de grandes cantidades sin problemas. No tiene que preocuparse por el coste, ya que la adopción de *ethereum* se basa en comisiones de transacción bajas.
- También, como se indicó anteriormente, aprenda cómo asegurar su cartera *ethereum*. Puede guardar su *ether* en su cartera o dejarlo en el *exchange*. Sin embargo, esto lo expone a un mayor nivel de riesgo, ya que usted no puede auditar y garantizar la seguridad de su *exchange*. Puede haber casos de robo digital o fallo de la plataforma. Por lo tanto, no debe confiar en esta opción.

Si los fondos que está almacenando son relativamente pequeños en comparación con su cartera general, entonces puede asegurar su *ether* en su *exchange*. Sin embargo, tal elección implica que usted no será propietario de su clave privada y que el *exchange* asumirá la responsabilidad de su *ether*. Dado que los *exchanges* no funcionan como lo hacen los bancos, es decir, las regulaciones financieras tradicionales no son aplicables a los *exchanges*, cualquier robo o insolvencia significará que automáticamente perderá sus fondos.

Dependiendo del método que utilice para asegurar su *ether*, a continuación, hay algunos consejos que puede adoptar:

- Autenticación de 2 factores (2FA): este es otro proceso de seguridad en el que se le pedirá que ingrese una contraseña de un solo uso (OTP) antes de que pueda iniciar sesión en su cartera o realizar cualquier transacción. La mayoría de las carteras *ethereum* se basan en la aplicación Google Authenticator para 2FA. Además, diferentes *exchanges* y carteras implementan 2FA de diferentes maneras; a pesar de que la característica de seguridad adicional proporcionada sigue siendo la misma. Con un 2FA, un ladrón potencial debe tener su contraseña y obtener acceso al dispositivo físico desde el cual generar la OTP. El uso de una aplicación 2FA, como Google Authenticator, ha tenido buenas calificaciones entre muchos usuarios de Internet.

Sin embargo, algunas carteras o *exchanges* pueden optar por evitar el uso de una aplicación y simplemente enviar una OTP en forma de SMS. Evite SMS 2FA, ya que la OTP se puede ver fácilmente incluso si el teléfono permanece desbloqueado. Y el peor de los casos es que mediante ingeniería social, personal de telecomunicaciones ha sido convencido de transferir un número de teléfono a una nueva SIM cualquiera. Esto significa que solamente el número de teléfono puede ser suficiente para acceder a cualquier plataforma que esté protegida por SMS 2FA.

- Uso de carteras de múltiples firmas: tales carteras potencialmente protegen su *ethereum* al garantizar que múltiples participantes tengan que firmar todas y cada una de las transacciones que realice. Una cartera de firma múltiple típica se califica como "2 de 3", lo que significa que al menos 2 de las 3 claves privadas totales deben firmar la transacción para permitir la transmisión exitosa a la red Ethereum. En tal caso, puede considerar dividir las 3 claves privadas en diversas ubicaciones físicas, así como su propia seguridad física, para asegurarse de que no ocurra ni un solo punto de ataque. En general, las diferentes carteras implementan múltiples firmas de diferentes maneras. Así que siempre averigüe qué opciones poseen e intégrelas en sus estrategias de seguridad.

Con capas de seguridad adicionales, es importante evaluar su nivel de tolerancia al riesgo antes de decidirse por su opción de seguridad preferida. Tenga en cuenta que las prácticas de seguridad de cifrado continúan evolucionando cada día, por lo que es una buena idea consultar su cartera o *exchange* y obtener sus recomendaciones para evitar cualquier inconveniente de seguridad que pueda afectar sus nuevas medidas de inversión.

Con el tiempo, es posible que descubra que ya no está interesado en comprar *ethereum*, pero que le gustaría especular sobre su precio. En tales casos, puede probar el *day trading* y descubrir creativamente cómo maximizar sus ganancias.

Day Trading de *ethereum*

Aparte de comprar y vender *tokens* ether, otra forma de comercio es a través del comercio de CFD. CFD, comúnmente conocido como contrato por diferencia, es un término del mercado de valores que implica acuerdos realizados en un contrato de futuros que permite que se realicen diferencias en la liquidación mediante el pago de efectivo, en lugar de la entrega de valores físicos y / o bienes / servicios. Los futuros en este caso se refieren a un tipo único de activo de inversión que puede utilizar para invertir en diversos productos. Se sabe que los futuros determinan los precios globales de los productos básicos esenciales, como el petróleo, al tiempo que respaldan los mercados complejos, como los mercados destinados a los productos agrícolas.

Al comprar un futuro de *ethereum*, significa que esencialmente está firmando un contrato que le permitirá comprar algo en una fecha determinada en el futuro y a un precio específico. Por ejemplo, supongamos que elige comprar un futuro de *ethereum* por un valor de 1.000 *tokens* de *ethereum*. Básicamente está comprando un contrato que posibilita el cobro de 1.000 *token* de *ethereum*, cuando vence el contrato. Con experiencia, incluso venderá su contrato de futuros antes de su vencimiento y de que le envíen los *tokens*.

Por otro lado, puede optar por evitar obtener el producto, por ejemplo, *ethereum*, entregado físicamente mediante la compra de un contrato por la diferencia. En este caso, llegará a un acuerdo con su vendedor sobre cómo se realizarán los pagos en efectivo por cualquier diferencia en la subida y bajada de los precios sin la entrega de los bienes físicos. Por lo tanto, el comercio de CFD le permitirá asumir riesgos con los precios al alza o a la baja de los mercados o instrumentos financieros internacionales de rápido movimiento, tales como tesorerías, divisas, materias primas, índices y acciones.

Con el comercio CFD *ethereum*, aún puede aprovechar los beneficios y riesgos de operar con *tokens* de *ethereum*, sin comprar ni vender los *tokens* físicos. Todo lo que necesita hacer es comprar un contrato que le dé derecho al valor en *ethereums* que habría comprado, y esencialmente terminará comprando y vendiendo *tokens* de *ethereum* aunque en realidad no tenga la criptomoneda en su posesión.

Por ejemplo, quizás esté bastante seguro de que el precio de *ethereum* está destinado a aumentar en unos pocos días y opta por invertir en este. Entonces, puede comprar el contrato por la diferencia que usted y el vendedor del contrato acuerden para liquidar cualquier caída o aumento de los precios en efectivo cuando finalice el contrato (preferiblemente, se denomina la fecha del contrato). En términos simples, puede firmar un CFD con una empresa como **Plus500** para *ether* al valor de hoy, y establecer el contrato para que finalice a las 10 p.m. (por el hecho de que las operaciones con *ethereum* de Plus500 deben finalizar a las 10 p.m.). Por lo tanto, el valor a negociar se establecerá con el precio actual de *ethereum*.

Mientras tanto, tendrá que establecer un tiempo definido para su contrato, digamos las próximas horas, que defina el punto en el que al comprador (usted) o al vendedor se le pagará cualquier diferencia que ocurra en los precios. Al final del día, si su intuición acerca de la variación en los precios del *ethereum* resulta correcta y los precios varían dentro de ese plazo, la empresa, en este caso Plus500, le pagará la diferencia. Sin embargo, si su intuición termina siendo incorrecta y los precios no van como lo había imaginado, entonces se verá obligado a pagar la diferencia a la empresa.

Esta forma de negocio puede compararse con "apostar" al valor del *token ethereum*, ya que tanto el vendedor como el comprador apuestan si los precios de *ethereum* aumentarán o disminuirán, aunque todo el proceso es más complejo de lo que parece. Es importante tener en cuenta que las operaciones CFD con *ethereum* ponen en riesgo su capital. Por lo tanto, necesita algo de experiencia previa en el comercio con *ethereum*, especialmente en términos de comprender la volatilidad del mercado, para poder ganar a lo grande con esta forma de negocio.

El comercio de CFD tiene beneficios tales como:

- No es necesario que tenga *tokens* de *ethereum* reales: esto significa que no ha de perder el tiempo intentando obtener los *tokens* de *ethereum* que habría comprado. Además, eventualmente elimina el riesgo de perder sus *tokens* de *ethereum*.

- Puede beneficiarse de la liquidez que proporcionan otras instituciones de *trading*: con el comercio de CFD, las personas no tienen que comerciar entre ellos en el marco de un *exchange* determinado. Sin embargo, en una plataforma de CFD, se le garantizará acceso total a la liquidez por parte de los socios institucionales y esto hace que las transacciones de *ethereum* sean tan instantáneas como le gustaría que fueran.

- Impuestos más bajos: a veces, dependiendo de su jurisdicción, puede incurrir en tasas de impuestos más bajas en las ganancias obtenidas de las operaciones CFD con *ethereum* que cuando acaba de comprar y vender *ethereum* directamente.

- Venta corta: aunque algunos *exchanges* pueden permitirle operar a venta corta, es mucho más fácil establecer una estrategia de venta corta cuando realiza operaciones CFD con *ethereum*.

Si bien el comercio CFD con *ethereum* le otorgará cierto nivel de conveniencia y flexibilidad, no se lleva a cabo sin ciertos inconvenientes. Algunos de estos inconvenientes son:

- Márgenes: a medida que comience a comerciar con *ethereum* a largo o corto plazo, es probable que sufra algunas pérdidas con el margen o diferencial. Básicamente, se refiere a la diferencia entre el precio al que usted compra (comúnmente conocido como precio de venta) y el precio al que vende (comúnmente denominado precio de oferta). La pérdida puede variar desde tan poco como un 0.5% hasta tanto como un 5% de la cantidad total negociada. En ocasiones, es posible que se le cobre una comisión por encima del margen, lo que a su vez afecta considerablemente sus ganancias.

- Comisiones: la mayoría de las plataformas de negociación de CFD *ethereum* normalmente tienen una comisión determinada en las operaciones que pueden haberse dejado abiertas durante la noche. Esto puede ser muy costoso, especialmente si sus operaciones se renuevan cada día. Por lo tanto, si usted se dedica al *day trading* a corto plazo, siempre solicite incentivos de opción de compra de acciones a su plataforma de negociación CFD *ethereum* para estar cubierto contra el mayor riesgo.

Otras formas de comercio de *ethereum* incluyen:

- Comercio binario: esta es otra forma de comercio de *ethereum*, aunque implica un alto nivel de riesgo. No se recomienda para principiantes porque implica una predicción de precios que se realiza en un período de tiempo muy corto, que suele ocurrir cada pocos minutos. Como tal, el comercio binario depende en gran medida de la suerte y ganar en él puede llegar a ser extremadamente difícil a largo plazo. Por lo tanto, el comercio binario de *ethereum* se considera una forma de juego y se utiliza principalmente con fines de entretenimiento, como cuando las personas disfrutan del giro de la ruleta por diversión. El comercio binario no es la mejor manera si desea dedicarse al comercio serio de *ethereum*. Sin embargo, si desea probarlo, puede implementar las siguientes estrategias independientes de la plataforma para ayudarlo a reducir los riesgos de pérdidas fijas:

- Sistema martingala: esta es una de las estrategias más antiguas que ha crecido en popularidad entre los inversores en criptomoneda. Para implementar esta estrategia, necesita establecer una participación y posición iniciales. Si su opción binaria resulta exitosa, entonces tiene que continuar con la misma apuesta. Sin embargo, si su opción binaria falla, entonces tiene que duplicar la apuesta para la siguiente. El factor de motivación y la idea principal detrás de esta estrategia radica en el hecho de que eventualmente elegirá la opción exitosa a medida que pase el tiempo. Por lo tanto, incluso si no tiene éxito en sus elecciones binarias pasadas, es probable que neutralice sus pérdidas al obtener ganancias significativas.

- Sistema *D'Alembert*: esta estrategia se basa en el concepto de sistema martingala, pero lo modifica sistemáticamente. Con el sistema *D'Alembert*, debe aumentar su inversión después de una pérdida, pero disminuirla después de una victoria. Por ejemplo, si 1 unidad es su apuesta inicial, entonces una pérdida significa que su próxima apuesta debe ser de 2 unidades. Si pierde de nuevo, deberá aumentar la apuesta posterior a 3 unidades, un proceso que continúa hasta que obtenga una ganancia. Pero, si gana, tendrá que disminuir la apuesta en una sola unidad. P.ej. Si comenzó con 4 unidades, la siguiente será de 3 unidades, y esto continuará hasta que alcance su meta.

Estas estrategias parecen ser muy excitantes, pero deben implementarse con mucha precaución. No querrá quedarse sin aliento cuando tenga que afrontar enormes pérdidas inesperadas. Pero si ha desarrollado una buena cobertura y puede soportar pérdidas abruptas, entonces estas estrategias pueden ayudarlo a generar ingresos estables y márgenes de ganancia espléndidos que pueden hacerle sonreír todo el tiempo. Como regla general, siempre evite arriesgar grandes sumas de *ether*.

- Comercio de margen *ethereum*: ¿Le gustaría comprar volúmenes más grandes de *ether* pero tiene un capital limitado? ¿Le gustaría aprovechar el capital de otras personas? Entonces puede optar por el comercio de margen *ethereum*. Como operador de margen, se le proporcionará acceso a los préstamos para que pueda comprar cualquier volumen de *ether* que desee. Normalmente, el margen inicial, que básicamente se refiere a la cantidad que puede pedir prestada, varía en tamaño y está determinada por la correduría. Al igual que muchos otros operadores, es probable que descubra que comprar *ethereum* en margen es extremadamente rentable. El comercio de márgenes de *ethereum* también tiene algunos riesgos, pero realizar bien los procesos de investigación de mercado lo ayudará a minimizarlos. Sin embargo, las cuentas de margen normalmente están limitadas por un "requisito de mantenimiento" para evitar que los agentes realicen préstamos excesivos. El requisito de mantenimiento solo estipula la cantidad mínima que debe tener en el patrimonio de su cuenta antes de que se le permita emprender un nuevo préstamo.

Por ejemplo, supongamos que deposita 5.000 dólares y decide pedir prestados 5.000 más para comprar *ether* por un valor de 10.000 dólares, y esto le indica a su agencia de corredores que establezca el requisito de mantenimiento en su cuenta de margen en un 25%. Luego, si el valor del *ether* que compró cae a 8.000 dólares, se le pedirá que tenga un valor no menor a 2.000 dólares (25% de 8.000). Por cierto, el valor total de su patrimonio será de 3.000 dólares (5.000 – 2.000). Sin embargo, supongamos que el precio del *ether* baja aún más, de modo que su valor de capital total caiga a menos de 3.000 dólares, entonces su agencia tendrá que emitir una "llamada de margen" y tomar su *ether* para devolver su cuenta a su requisito de mantenimiento.

La inversión en *ethereum* puede ser bastante complicada a veces. Sin embargo, el ajetreo vale la pena, considerando el hecho de que cualquier movimiento individual efectivo puede aumentar significativamente sus ganancias. Por lo tanto, siempre esté al tanto. Continúe operando en su *exchange* para seguir buscando oportunidades de inversión emergentes. Cuanto más tiempo dedique a su *exchange*, más posibles ofertas, cupones, promociones y oportunidades que podrían marcar una gran diferencia en su cartera de inversiones descubrirá.

A veces, su *exchange* puede no permitirle guardar fondos en su moneda fiduciaria local. Y si eso es posible, puede que tenga que realizar alguna maniobra para asegurar sus ganancias. El procedimiento normal es vender sus *tokens ether* y transferir el dinero a su cuenta antes de asegurar las ganancias. Esto significa que debe enviar el dinero al *exchange* para realizar compras posteriores de *ether*, una serie de pasos que pueden ser tediosos y consumir mucho tiempo. Sin embargo, al usar Tether, estos procesos pueden volverse más fáciles. Tether no es una criptomoneda. Se adjunta al dólar estadounidense, con un valor de Tether de aproximadamente un dólar.

Al cambiar su *ether* por USDT, puede asegurar fácilmente sus ganancias. De la misma manera, cuando quiera comprar *ether* nuevamente, simplemente cambie su USDT de nuevo en el *exchange*. Al hacerlo, minimizará los largos tiempos de espera, especialmente si es un operador regular.

Tal vez usted no está interesado en comprar o ganar *ethereum*. Esto no debería impedirle comerciar con este, ya que aún podría hacer uso de la minería *ethereum* y seguir aumentando la cantidad de sus *tokens*. Por lo tanto, en el próximo capítulo, vamos a explorar la minería de *ethereum*.

Capítulo 3: Minería de *ethereum*

Para empezar, la red de Ethereum se jacta de proporcionar una plataforma para desarrollar varias aplicaciones que pueden promover el desarrollo sostenible en todos los ámbitos de la vida ayudando a las organizaciones a maximizar beneficios.

Básicamente, la minería de *ethereum* es el proceso que hace que el *ether* esté disponible para los comerciantes, para que la red de Ethereum pueda continuar funcionando. Intentemos definir la minería de *ethereum*.

¿Qué es la minería de *ethereum*?

La minería simplemente se refiere a un trabajo intensivo de computación que utiliza mucho tiempo y energía. La minería da espacio para la participación de pares en una red de criptomoneda distribuida, sobre la base del consenso. El proceso de minería hace uso del hardware de la computadora, así como de las aplicaciones de minería, y resulta recompensando al minero por proporcionar soluciones a problemas matemáticos complejos.

Es importante tener en cuenta que todas las transacciones en Ethereum están integradas en bloques de datos separados, que son comparables a los lotes de transacciones que los bancos se envían entre sí, aunque los de Ethereum se producen en intervalos de 15 segundos. Además, los bloques se distinguen por su "altura", que comienza desde cero y aumenta secuencialmente hasta el bloque actual, y cada bloque tiene enlaces internos a varios otros bloques que resultan en una cadena de bloques. Una vez que se forman estos bloques, necesitan un análisis rápido para garantizar un buen funcionamiento de las transacciones en la plataforma.

Sin embargo, en la práctica, la mayoría de los emisores de *ether* pueden carecer de la capacidad de procesamiento para hacerlo solos. Por lo tanto, esto crea una oportunidad para los mineros. Como tal, un minero se refiere a cualquier inversor que dedique su energía, espacio de computadora y tiempo para examinar los bloques. Una vez que el proceso de minería alcanza el nivel correcto, los mineros envían las soluciones acumuladas al emisor para fines de verificación. Luego, el emisor de la criptomoneda premia a los mineros con monedas digitales a cambio de su trabajo, y además ofrece porciones de las transacciones verificadas como recompensas. Esto significa que la minería digital se basa en un sistema de prueba de trabajo. Algunas monedas se basan únicamente en este sistema, mientras que otras utilizan una combinación de prueba de trabajo y prueba de participación.

Tenga en cuenta que la palabra minería proviene de la semejanza al oro del ámbito de la criptomoneda. Esto significa que no funciona como una especie de esquema de enriquecimiento rápido, sino que exige grandes aportes en términos de tiempo, equipo y esfuerzo para crecer, especialmente cuando se trabaja solo. La palabra minería se utiliza ampliamente porque, como es raro encontrar materiales preciosos, también lo es el caso de las monedas digitales. Brevemente, la minería de *ethereum* se refiere al proceso de extracción de *ether* e implica asegurar la red para garantizar el cálculo verificado.

Recuerde, el buen funcionamiento de la red Ethereum se basa en el *ether*. En pocas palabras, el *ether* es en realidad el incentivo utilizado para alentar a los desarrolladores a crear aplicaciones de primera clase. Y como desarrollador que desea contratar y usar contratos inteligentes en la red Ethereum, debe tener *ether* para poder continuar. Por lo tanto, el *ether* actúa como el combustible para la red de Ethereum y la minería normalmente se considera como la forma más barata de realizar transacciones en la red de Ethereum en comparación con solo comprar *ether*.

Siempre tenga en cuenta que *ether* no es infinito. Esto se debe a que la cantidad total de *ether* y sus operaciones de red se establecieron durante la preventa de 2014, lo que significa que el número de *ether* emitido en un solo año no debe superar los 18 millones, que es esencialmente el 25% de la emisión inicial. Esta medida se tomó como sistema para controlar la inflación.

Para que un bloque se valide en consenso, se debe proporcionar prueba de trabajo para la dificultad específica. Esthash, un algoritmo de memoria que está destinado a contrarrestar el desarrollo de la minería de *ethereum*, es el algoritmo utilizado para la validación y funciona identificando el resultado de la entrada *nonce* (un número arbitrario que solo se puede usar una vez) de tal manera que cae por debajo del umbral que determina la dificultad. Si los resultados finales son idénticos en distribución, entonces el hecho de que la duración del tiempo necesario para encontrar un *nonce* se base en la dificultad es lo más seguro. Por lo tanto, un minero puede controlar el tiempo requerido para encontrar un nuevo bloque simplemente manipulando la dificultad. En la minería de *ethereum*, la dificultad se modifica dinámicamente para permitir que la red libere un solo bloque después de un intervalo de 12 segundos de promedio. Luego, el sistema realiza una sincronización tan rápida que resulta imposible volver a escribir el historial o crear un *fork*, a menos que la persona que intente hacerlo pueda controlar más de la mitad de la potencia minera de la red Ethereum.

En pocas palabras, el proceso de minería de *ethereum* implica:
- Un minero que toma nota de las transacciones en la red Ethereum y acumula todo lo que se considera válido (por

ejemplo, código, tarifas, así como el historial contable de quién está a cargo de las monedas individuales) en varios bloques.

- Un minero que consume electricidad para generar el *hash* de ese bloque utilizando la potencia de procesamiento de la GPU. Con cada resultado de *hash* exitoso, se produce una prueba única de trabajo para probar que el minero trabajó en el bloque dado. Un *hash* se refiere a un procedimiento matemático que toma una cantidad variable de datos y conduce a la producción de una salida más corta y de longitud fija.

- Si la red de Ethereum acepta el bloque *hash* como válido, entonces el bloque se incorpora automáticamente a la cadena de bloques, como parte del consenso sobre las transacciones válidas.

- Finalmente, el minero obtiene 5 ETH además de todas las tarifas de procesamiento de códigos y transacciones (o *gas*) disponibles en su bloque, así como las posibles bonificaciones para cualquier tío (otras cadenas de bloques que no forman parte de la cadena de bloques padre inicial) que pueden haber estado involucradas.

El proceso de minería de *ethereum* puede parecer complejo y bastante amplio, pero esto no debería asustarle. Se han desarrollado muchas aplicaciones para hacerlo lo más simple posible. Antes de profundizar en los detalles de estas aplicaciones, exploremos algunas de las razones por las que puede preferir iniciarse con la minería de *ethereum*.

La importancia de la minería de *ethereum*

Usted se puede beneficiar de la minería de *ethereum* de las siguientes maneras:

- La minería de *ethereum* es la forma más segura de obtener voz y apoyar la red Ethereum, especialmente si está interesado en el concepto de Ethereum.

- Al minar *ethereum*, construirá una gran posición de ETH en esta fase de prueba de trabajo y ganará intereses en sus retenciones si / cuando el sistema Ethereum pase a una fase de prueba de participación.

- La minería le ofrece el boleto de entrada más barato al mercado de *ethereum*. Como tal, dada la volatilidad prevaleciente de los mercados de *ethereum* y como buen comerciante, simplemente puede maximizar sus ganancias.

- Dado que *ethereum* se intercambia fácilmente por *bitcoin*, usted puede construir su posición de retención de *bitcoin* de manera gradual y económica mediante la extracción de *ethereum*.

- Los *bitcoins* son fácilmente intercambiados por dinero en efectivo. Por lo tanto, a través de la minería de *ethereum*, indirectamente puede ganar dinero en efectivo o incluso llenar su cuenta bancaria. Puede vender directamente su *ether* en una serie de *exchanges* líderes (como Coinbase, Gemini, Kraken, BTC-e, Bitfinex, etc.) y ganar dinero.

- También puede financiar la compra de una nueva GPU de gama alta a través de la minería.

Entonces, ¿es una buena idea minar *ethereum*, en lugar de comprar *ether*? Ciertamente, en base a los beneficios anteriores, la minería de *ethereum* es una de las mejores maneras de aprender y evolucionar con la tecnología Ethereum. Puede realizar minería en la comodidad de su hogar, siempre y cuando tenga algún conocimiento de la línea de comandos y talento para la escritura de secuencias de comandos. Esta sección describe algunos pasos que pueden ayudarlo a comenzar con la minería de *ethereum*. Con la práctica persistente, se dará cuenta de que es bastante fácil, emocionante y tremendamente satisfactoria.

Pero antes de sumergirnos en la minería de *ethereum*, veamos algunos de los conceptos básicos a los que debe prestar atención adicional:

- Siempre tenga en cuenta que la minería de *ethereum* consume mucha electricidad. Esto significa que tiene que administrar sus prácticas de minería de una manera lo suficientemente eficiente como para generar más ingresos a través de la venta de *ether*. La buena noticia es que no hay necesidad de preocuparse porque eventualmente obtendrá algunas ganancias. Por lo tanto, use las calculadoras de minería para determinar sus ganancias y evitar pérdidas innecesarias. Exploraremos la calculadora de rentabilidad minera de *ethereum* más adelante.

Para la fuente de alimentación, compruebe siempre que haya suficientes conexiones en la PSU para admitir todas las GPU instaladas. Su vataje general también debería ser suficiente para soportar el consumo total de energía del sistema; no se olvide de guardar un margen del 10-15%. Puede consultar **aquí** para obtener orientación sobre el número de conexiones de alimentación PCI-E de 6 u 8 pines que requiere su GPU. También puede usar **esta** calculadora de consumo de energía para determinar el consumo total de energía de su sistema.

Además, si desea construir varios equipos, puede considerar comprar siempre la PSU de la misma marca para poder usar los cables adicionales en otros sistemas cuando lo considere oportuno. Por ejemplo, supongamos que decide utilizar solo las PSU EVGA G2 y termina teniendo cables molex, sata o VGA adicionales de una instalación, luego podrá utilizarlos en otra instalación.

Obtenga un botón de encendido de PC, que pueda conectar a los encabezados de la placa base para encender y apagar fácilmente su sistema.

- La minería de *ethereum* se puede realizar en cualquier ordenador personal, siempre que el sistema tenga una GPU (tarjeta gráfica) con una capacidad RAM de al menos 2 GB. No realice minería de *ethereum* en una unidad central de procesamiento (CPU) porque sería un ejercicio inútil. Si elige minar *ethereum* en una CPU, el trabajo tomará un período de tiempo prolongado para completar y sus ganancias serán muy pequeñas. Pero las GPU son 200 veces más rápidas que las CPU. Además, *ethereum* también está diseñado para funcionar bien en una técnica de *hashing* de memoria dura, con la que una GPU es buena. Siempre opte por las tarjetas AMD, ya que son más eficientes que las tarjetas Nvidia.

- Además, asegúrese de que el disco duro de su ordenador tenga mucho espacio libre. Tenga en cuenta que el *blockchain* y otro *software* requieren un espacio de memoria de hardware de aproximadamente 30 GB. Su portátil para juegos puede tener una tarjeta de gama alta. Pero, dada la alta cantidad de calor generado por la minería, su portátil puede dañarse como resultado. Por lo tanto, siempre utilice una instalación de escritorio. Además, evite utilizar entornos virtualizados alquilados porque pueden carecer de GPU suficiente o puede que no sean tan rentables. Su sistema también debe cumplir los siguientes requisitos mínimos:

    o Debe tener una instalación de 64 bits del sistema operativo Windows 10. Esto se debe a que se puede configurar fácilmente en Windows y hacer que se ejecute lo más rápido posible.

    Simplemente vaya a "Menú Inicio> Servicios" y establezca la configuración en automática para activar el servicio de hora de Windows porque este servicio puede estar deshabilitado de manera predeterminada, especialmente en Windows 10.

o La placa base debe tener suficientes ranuras PCI-E para soportar todas las tarjetas que está ejecutando.

o Cuando use más de 1 GPU, proporcione a cada GPU adicional un elevador PCI-E con alimentación.

o Compre una CPU simple de gama baja con RAM de al menos 4 GB. Su memoria RAM, CPU y placa base deben ser compatibles también. Es decir, la CPU de 1151 zócalos va con las placas base LGA 1151, mientras que las placas base LGA 1150 / DDR4 RAM toman una memoria RAM DDR3 y 1150 CPU.

o Son necesarios un monitor estándar, ratón y teclado. También es una buena idea, a un nivel avanzado, en el que administra su plataforma de forma remota, obtener un conector *dummy* HDMI sin cabeza que se conecte a su plataforma y habilite el arranque adecuado en Windows para el acceso remoto.

Finalmente, no use ASIC para la minería de *ethereum*, aunque los ASIC son rentables para la minería de otras monedas, como *litecoin*, *dash* y *bitcoin*.

Armado con los consejos anteriores, ahora es el momento de ponerse en marcha. ¡Es el momento de extraer *ethereum*!

El procedimiento de minería de *ethereum*

Puede realizar minería de *ethereum* siguiendo los pasos a continuación

1. Descargue la aplicación Geth, que actuará como un centro de comunicación, destinada a coordinar su configuración e informar los desarrollos emergentes que requerirán su atención, así como un enlace a la plataforma Ethereum. Esto significa que cada vez que un bloque es extraído por otra computadora, su aplicación

Geth lo selecciona automáticamente y transmite la nueva información a su GPU para minería.

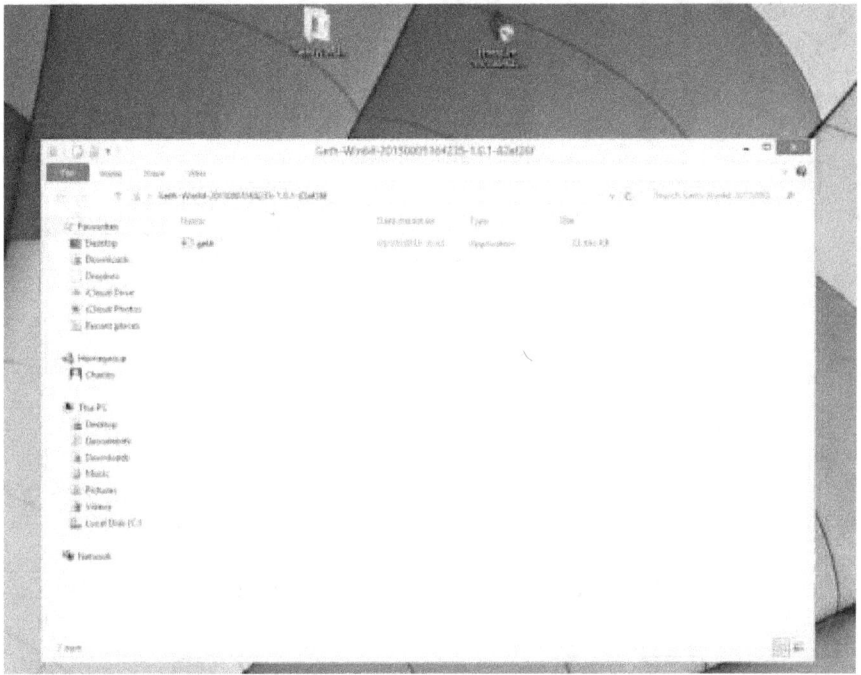

2. Geth es un archivo zip. Por lo tanto, descomprima y transfiéralo al disco duro. Puede moverlo a la unidad C, para que los pasos subsiguientes sean más fáciles de seguir. Copie el archivo que acaba de descargar y descomprimir, luego muévalo a la carpeta del disco duro.

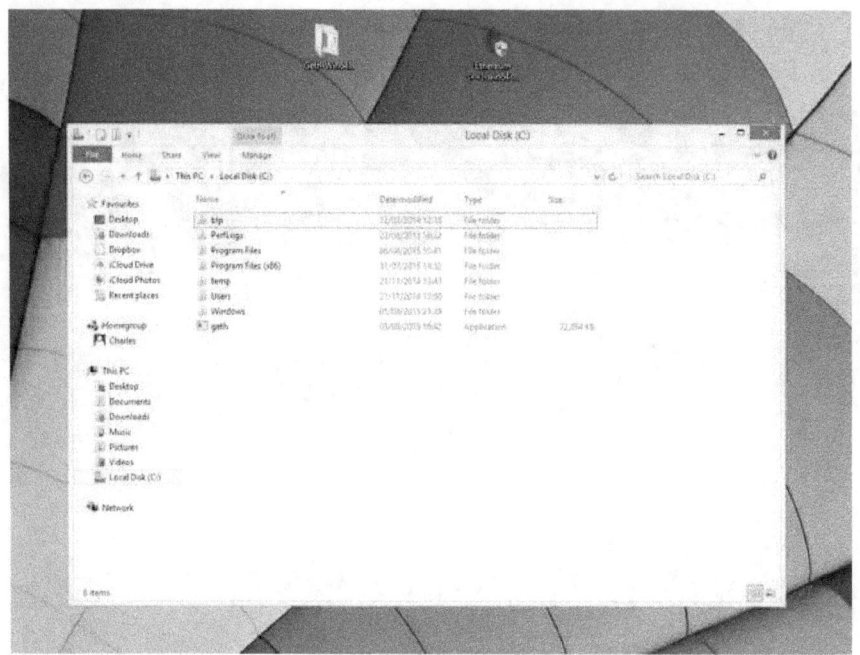

3. Para ejecutar la aplicación instalada, debe ejecutar el símbolo del sistema o línea de comandos. Por lo tanto, mientras esté en la función de búsqueda de Windows, busque 'CMD' y haga clic sobre este en la lista de resultados de búsqueda.

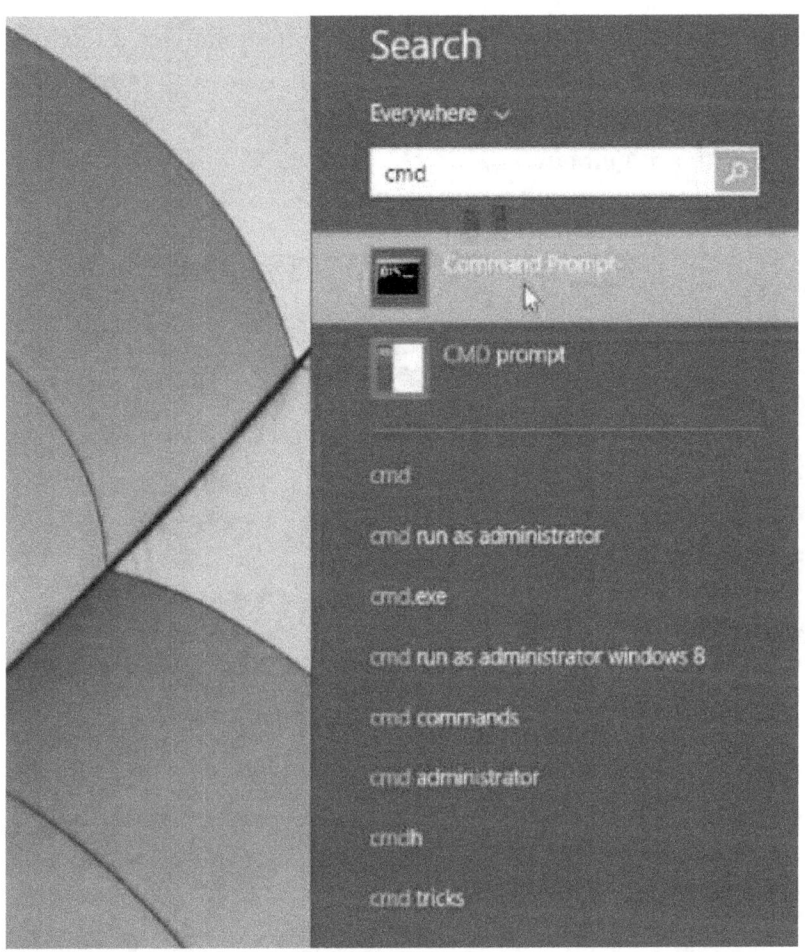

4. El símbolo del sistema debería abrirse. Puede parecer aterrador, especialmente si es nuevo en esto. El cuadro de solicitud de comando normalmente se muestra como "C: \ Usuarios \ Nombre Usuario>". Si inicia sesión en su computadora usando "cryptocompare" como su nombre de usuario, entonces la línea de comandos se abrirá como C: \ Usuarios \ cryptocompare>. En este punto, debe pedirle al ordenador que busque en otro lugar para localizar a Geth. Escriba 'cd /' en la línea de comandos, así, está emitiendo una instrucción para "cambiar el directorio". El símbolo 'C: \>' muestra básicamente que está situado en la unidad C.

5. Ahora puede crear una nueva cuenta. Hacer una llamada a Geth es simple. Simplemente escriba 'geth account new' y presione la tecla enter. La línea de comandos se verá de la siguiente manera: 'C: \> geth account new'.

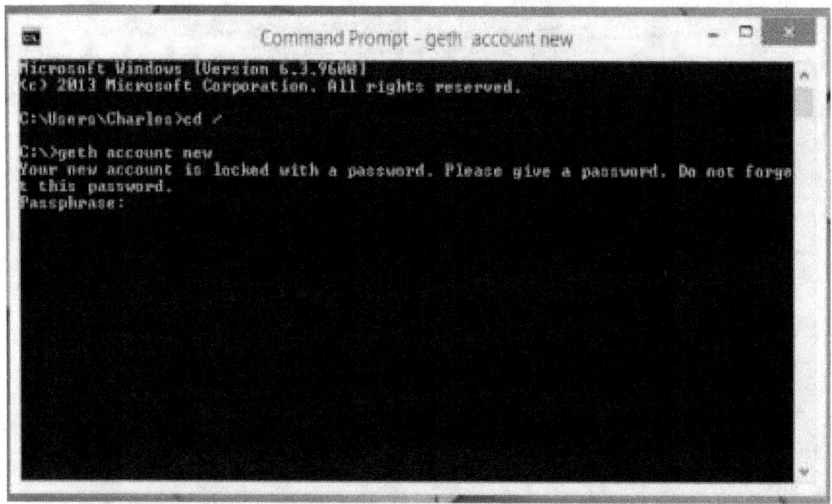

6. Se le pedirá que cree una contraseña. Aquí, debe ser muy cuidadoso, porque no podrá ver lo que está escribiendo. Recuerde, esta contraseña básicamente bloquea su cuenta y garantiza que su clave privada sea segura, por lo que perder esta contraseña significa que también perderá todo el *ether* que esté adjunto a su cartera que tiene su clave privada, por lo que debe estar seguro de su contraseña. Es mejor anotarla antes de escribirla cuidadosamente en la máquina. Una vez que termine de escribir su contraseña, presione enter. Esto crea automáticamente su nueva cuenta.

7. En este punto, permita que Geth se conecte con la red Ethereum para que sea completamente operativo. Así que escriba "geth --rpc" en el terminal antes de presionar enter, para iniciar la descarga de la cadena de bloques de Ethereum y sincronizar con toda la red global. Este es un proceso que requiere mucho tiempo y depende en gran medida de la velocidad de conexión de Internet y del tamaño actual de la cadena de bloques. Por lo

tanto, sea paciente y espere a que finalice este proceso antes de poder comenzar la extracción. Si su firewall intenta bloquear este proceso, recuerde hacer clic en "permitir acceso". Deje que este cmd permanezca abierto; debe ejecutarse en segundo plano. También se le puede pedir que especifique si está interesado en la minería *hardfork* o no. Entonces, para extraer *ether*, simplemente escriba "geth --rpc --support-dao-fork".

8. Antes de seguir avanzando, consiga un *software* de minería. Un *software* de minería ayudará a su GPU a ejecutar el *hash* del algoritmo de la plataforma Ethereum. Puede elegir Ethminer, descargar y luego instalarlo. Busque la última versión, descárguela e instálela. Nuevamente, si el firewall impide el

proceso, simplemente haga clic en "permitir" y si Windows no puede reconocerlo, haga clic en "ok" también.

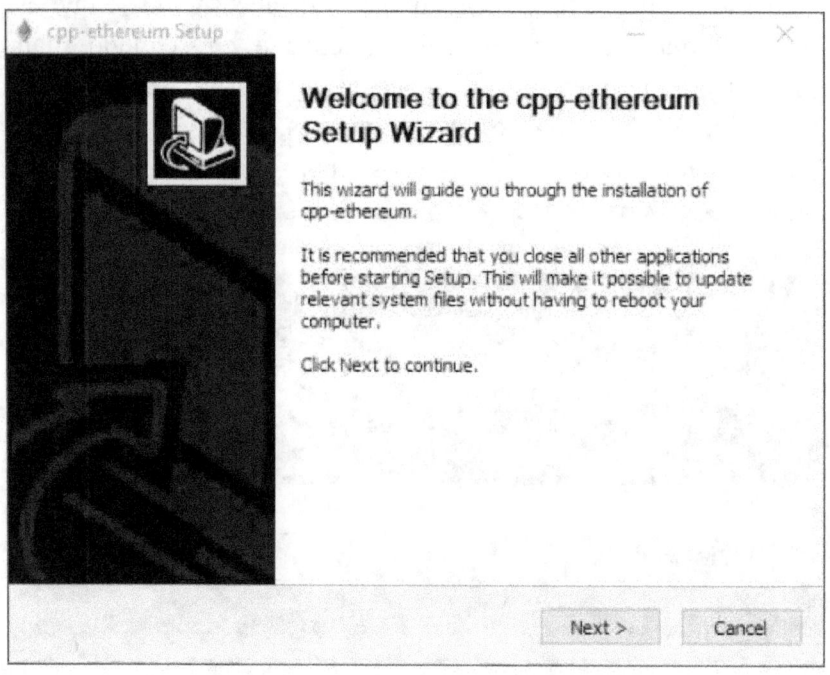

9. Luego, abra una nueva línea de comandos, como en el paso 4 anterior, y abra 2 ventanas más. Necesita modificar el comando del directorio. Simplemente haga clic con el botón derecho en el icono del terminal, el que ha estado activo, que se encuentra en la barra de tareas en la parte inferior de la página, antes de hacer clic en la línea de comando en el menú resultante.

10. Luego escriba "cd /" en la línea de comandos que se acaba de abrir y luego "C: \ Usuarios \ Nombre Usuario> cd /" y presione la tecla enter. Ahora, "C: \>" debería verse en pantalla. Esto significa que ha utilizado el comando de "cambiar directorio" ("cd") para situarse en el disco C y no en su carpeta de usuario.

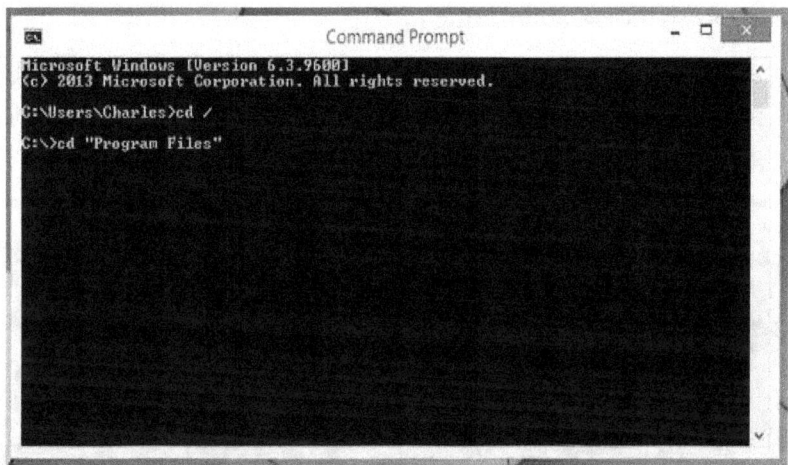

11. A continuación, presione el botón de tabulación después de escribir "cd Arch". Se verá de esta manera: C: \> cd Arch. Presione la tecla tabuladora para completar automáticamente el nombre con el más cercano disponible en la unidad C: de la misma manera que se comporta el autotexto en su Iphone. Una vez que presione el tabulador, debería aparecer como C: /> cd "Archivos de programa". Luego presione Intro para que aparezca una nueva línea que muestre "C: \ Archivos de programa>".

12. Puede acceder al *software* de minería de *ethereum* que acaba de instalar simplemente escribiendo "cd cpp" antes de presionar la tecla tabuladora. Luego presione enter. Después de presionar el tabulador, se mostrará C: \ Archivos de programa> cd cpp-ethereum; después de presionar enter, obtendrá C: \ Archivos de programa \ cpp-ethereum>.

13. ¡Y *voilá*! Ahora puede comenzar a extraer Ethereum. Teclee 'ethminer –G' y presione la tecla enter. Esto inicia

automáticamente el proceso de minería después de crear el Gráfico Acíclico Dirigido (DAG), un archivo grande que se almacena en la RAM de su GPU para que sea resistente a los Circuitos Integrados Específicos de la Aplicación (ASIC). Este paso requiere suficiente espacio en su disco duro, así que asegúrese de cumplir con los conceptos básicos de la minería como se indicó anteriormente.

14. Siempre que reciba mensajes de error, puede cancelar el proceso presionando Ctrl + C. Luego, vuelva a intentarlo para obtener un proceso exitoso.

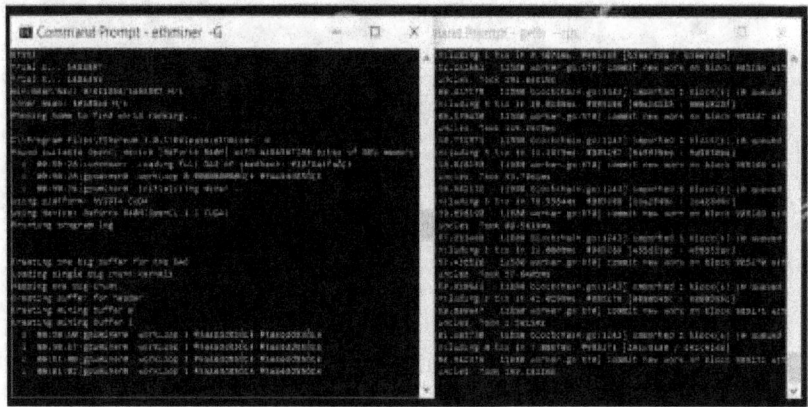

15. También puede realizar minería de CPU. Escriba 'ETHMINER' y presione enter para que comience el proceso. DAG se iniciará antes de que Geth comience a comunicarse con Ethminer.

16. Dado que el *hashrate* de la red continúa aumentando, la minería en solitario se está volviendo más difícil. Por lo tanto, para obtener buenas ganancias, piense en unirse a un grupo minero y aprender de las mejores prácticas de la industria.

Si el proceso anterior de minería de *ethereum* resulta difícil, puede probar la minería en la nube. La minería en la nube es relativamente fácil, aunque no tan rentable.

Minería de *ethereum* en la nube

Si no es experto en tecnología o no puede dedicar suficiente tiempo a la minería de *ethereum*, entonces la minería en la nube es una opción viable que también puede considerar. La minería en la nube simplemente se refiere a un concepto de negocio que le permite comprar una parte del hardware de minería que se encuentra en centros de datos remotos.

Con la minería en la nube, tendrá que pagarle a otra persona para que haga la minería e incluso administrar y operar el sistema de minería por usted. Se le pedirá que firme un contrato de un año, en el que paga por adelantado a la empresa minera y les permite hacer el trabajo por usted. Usted tiene la oportunidad de obtener una pequeña parte de los ingresos y algunos pagos frecuentes con un bajo nivel de riesgo. Los costos de mantenimiento y electricidad ya no le corresponden a usted utilizando la minería en la nube.

Hay una serie de empresas de renombre que ofrecen minería en la nube. Sin embargo, siempre tenga cuidado o corre el riesgo de perder su inversión. **Genesis** es una de esas compañías de las que puede obtener su primer contrato con minería y comenzar a ganar sin problemas. Es probable que obtenga mejores ofertas en la minería de *ethereum* en la nube debido a:

- Los mineros de la nube compran en grandes cantidades y terminan obteniendo descuentos en la compra de sus GPU.

- Los mineros de la nube en su mayoría ponen sus máquinas en ubicaciones de bajo coste.

Estas medidas reducen significativamente los costos de operación de las máquinas de minería de *ethereum*, y los ahorros se transfieren posteriormente a usted. Por ejemplo, los contratos mineros de Genesis se ejecutan con energía verde, lo que reduce considerablemente los gastos de minería.

Otra ventaja de usar minería en la nube es que garantizan un tiempo de actividad del 100%. Por lo tanto, están listos para sustituir sus propias máquinas cada vez que su minero se desconecta. Finalmente, al utilizar minería en la nube, no tendrá que escuchar el ruido que produce del proceso de minería.

Otras empresas que ofrecen minería en la nube son:

• Crypterra: esta es una nueva compañía que ofrece un contrato de 2 años de minería en la nube ETH.

• Hashflare: en Hashflare, no hay contratos fijos ni comisiones ocultas, pero usted obtiene retiros instantáneos una vez que firma un contrato con ellos.

Puede iniciar la minería en la nube simplemente comprando acciones en línea y uniéndose a un grupo de minería en la nube. Tan solo seleccione su plan preferido, realice los pagos necesarios y comience la minería. A pesar de que el mercado de *ethereum* puede considerarse transparente, debe estar alerta, ya que las compañías estafadoras pueden estar al acecho a punto de estafarle para robar su dinero duramente ganado.

Con todo, la minería requiere mucha práctica. Incluso sin antecedentes en campos relacionados con IT, aún puede ganar mucho con la minería. Esta guía no ha cubierto los pasos más avanzados de la minería, como la minería dual, el acceso y la supervisión remotos, el *flasheo* de BIOS, el *overclocking* y el *undervolting* Sin embargo, puede mejorar sus habilidades en estas áreas inscribiéndose **en cursos de minería**.

Tener un sistema fiable que haga un seguimiento de su desempeño puede mantenerlo motivado a medida que avanza con la minería de *ethereum*. También puede medir el éxito de su sistema minero al monitorear los beneficios que obtiene. A continuación, veamos cómo hacer esto.

Calculadora de rentabilidad de minería de *ethereum*

La minería es un ejercicio de uso intensivo de recursos, que puede agotar fácilmente sus inversiones si no se realiza con mucho cuidado. Por esta razón, se han desarrollado muchas herramientas para mejorar la efectividad de su sistema. Estas herramientas son calculadoras de rentabilidad que pronostican el *hash* neto, así como el *ether* diario, y pueden ayudarle a determinar si el trabajo vale la pena. A continuación, se muestran algunos pasos que puede seguir para determinar la rentabilidad de su sistema:

- Antes de embarcarse en la minería *ethereum*, es una buena idea echar un vistazo a la **calculadora de minería de Etherscan** para estar actualizado en temas como el *hashrate* de la red (lo que representa miles de millones de cálculos en un segundo y normalmente se mide en Gigahash por segundo (GH / s), tiempo de bloque y precios actuales del *ether*.)

Ethereum Mining Calculator

copy these numbers

This mining calculator will display your expected earnings in both Ether and Dollars. The calculations are based on the assumption that all conditions (difficulty and prices) remain as they are below.

Enter your HashRate (MH/s)	25
	Your GPU Miner speed in MH/s
Network HashRate (GH/s)	3,837.73
	Current Network Speed in GH/s
Average Block time (Secs)	14.06
	Avg Over the last 1000 Blocks
Price of 1 Ether (USD)	$14.08
	Price of ETH on Exchanges

- Una vez que haya obtenido las cifras anteriores, cópielas en la **calculadora de minería Cryptowizzard**, que es una calculadora avanzada y le permite configurar sus costos de electricidad. Recuerde, los costos de la electricidad juegan un papel muy importante en la determinación de sus ganancias mineras.

Network — paste the data

Network Hashrate:	3837.73	GH/s
Blocktime:	14.06	seconds
Hashrate Increment:	5	%/Month
1 ETH Price:	14.08	$

Revenue

Graphic Card	Radeon HD 7990	• Check Latest Price
Your Hashrate:	50	MH/s

Solo/Pool Mining

Consumption(W/h)	375	W
Price/kwh	0.15	$/KW

Cloud Mining

Daily Cost	0.00	$/Day/Mh

- A continuación, puede seleccionar la tarjeta gráfica que desea usar. Esto le indicará a la calculadora que ingrese automáticamente el consumo de energía correcto y el *hashrate*. Supongamos que ha modificado el rendimiento de su tarjeta o que su tarjeta no está en la lista, simplemente seleccione la opción personalizada e indique manualmente las cifras correspondientes. Recuerde ingresar los *hashrates* de GPU en MH / s (Megahash por segundo), lo que significa millones de cálculos en un segundo.

- Ahora puede ingresar el precio de su electricidad. Esta información se puede obtener **aquí** o **aquí** si se encuentra en los EE. UU. o en cualquier otro lugar respetivamente, o simplemente examinando su factura de servicios públicos. Después de ingresar todas las cifras correctamente, debería ver las ganancias que, según los cálculos, generará.

Period	Revenue(ETH)	Revenue(USD)	Cost
Min	0	0	0
Hour	0.02	0.23	0.06
Day	0.4	5.64	1.35
Week	2.8	39.45	9.45
Month	11.73	165.17	40.5
Year	109.17	1527.1	492.75

Estas cifras varían de vez en cuando. Del ejemplo anterior, se observa que el minero obtendría 109 ETH por año. Supongamos que el éter se vende al precio actual, entonces el minero ganará 1.537 dólares. Después de restar el coste de la electricidad de 493 dólares, la ganancia neta del minero asciende a 1.045 dólares. El minero puede deducir varias otras deducciones tales como:

- 1% más una tarifa de pago de ETH como costos de minería de grupo.

- El precio de compra de los componentes del sistema.

- Comprar una nueva unidad de fuente de alimentación (PSU); es recomendable que compre una fuente de alimentación eléctrica eficiente. A pesar de que puede costarle más, siempre ahorrará en costes de energía.

Sin embargo, tenga en cuenta que el futuro de Ethereum sigue siendo impredecible para la mayoría de los participantes. La dificultad de la minería aún está en la tendencia al alza e incluso puede aumentar a medida que se lanzan tarjetas GPU más eficientes. Además, el cambio programado de Ethereum del modelo actual de prueba de trabajo al modelo de prueba de participación en una fecha no especificada significa que ya no será posible minar *ethereum*. Por lo tanto, esté preparado para hacer frente a los tiempos difíciles, cuando sus ganancias comiencen a disminuir.

Cualquier inversor sabe que el cambio es inevitable. Cuando comience a invertir en Ethereum, es importante estar preparado para cualquier eventualidad, ya que podría tener un impacto de gran alcance en sus ganancias. El siguiente capítulo profundiza en el futuro de Ethereum para que pueda comprender mejor el mercado y hacer planes más informados para manejar los desafíos futuros.

Capítulo 4: El futuro de Ethereum

Los expertos argumentan que se espera que la red Ethereum se expanda y crezca hasta convertirse en una plataforma única que pueda ofrecer soluciones a problemas cotidianos. Por lo tanto, es una buena idea estar al tanto de los próximos cambios que sucederán en la red Ethereum y diseñar formas innovadoras para mantener segura su inversión en línea.

En primer lugar, el proceso de lanzamiento de Ethereum se dividió en 4 fases. Esto fue necesario por la necesidad de garantizar que todas las fases tuvieran un amplio tiempo de desarrollo para garantizar un progreso eficiente y óptimo. Las 4 fases del lanzamiento de Ethereum son:

- Fase Frontier: esta fue la primera fase. En gran parte se describió como una fase experimental. Durante esta fase, Ethereum se sometió a varias actualizaciones de protocolo estratégico para mejorar su funcionalidad y estructuras de incentivos.

- Fase Homestead: esta es la fase actual, que se considera estable y ha experimentado mejoras en la seguridad, los precios del *gas* y los precios de las transacciones.

- Fase Metrópolis: esta es la próxima fase y está dirigida a reducir la complejidad de la EVM, así como a proporcionar un poco de flexibilidad a los contratos inteligentes.
- Fase Serenity: esta es la etapa final. Aunque el cambio a Serenity es incierto, esta fase debe caracterizarse por un cambio esencial del sistema de prueba de trabajo (minería de hardware) a prueba de participación (minería virtual).

Tenga en cuenta que se espera que la red Ethereum cambie a la fase Metrópolis en cualquier momento a partir de ahora. Con tal movimiento, los siguientes conceptos serán evidentes:

- Abstracción: esto implica que puede usar cualquier protocolo o sistema incluso si no conoce completamente los detalles técnicos. Por ejemplo, no necesita ser un ingeniero o un programador para operar su iPhone. Así, puede activar una aplicación simplemente presionando en la pantalla, o puede llamar a alguien simplemente presionando el botón de llamada. En pocas palabras, la abstracción elimina las complejidades y hace que una tecnología compleja sea accesible a las masas.
- En otras palabras, la abstracción le permitirá utilizar cualquier criptomoneda, como *bitcoin*, para pagar las transacciones de *ethereum*.
- Zk-Snarks: significa "pruebas de conocimiento cero no interactivas sucinto de conocimiento cero". Funciona según el concepto de pruebas de conocimiento cero. Por ejemplo, supongamos que tenemos dos partes, como el validador y el verificador, el validador puede determinar que son parte de la información dada al verificador, incluso aunque la información en sí no sea revelada. En consecuencia, la introducción de Zk-Snarks en Ethereum mejorará la privacidad y hará que el comercio en línea sea más cómodo para las masas.

- Fragmentación: en este caso, una gran base de datos, como una cadena de bloques, se divide en partes que son más pequeñas y más manejables. Estas partes se conocen comúnmente como "fragmentos". Como tales, los fragmentos individuales deben tener sus propios conjuntos de validadores. Por lo tanto, la prueba de participación es un requisito esencial para que esto ocurra. Ahora, en la fase actual de prueba de trabajo, todos los mineros trabajan en el mismo problema simultáneamente. Pero la fragmentación separa a los validadores en fragmentos designados, lo que garantiza que todos puedan trabajar en diferentes problemas al mismo tiempo. Es decir, se mejora la eficiencia de todo el sistema, debido a la implementación de los protocolos de mejora de Ethereum (EIP). Por lo tanto, los contratos de Ethereum serán más flexibles y comenzarán a pagar sus propias comisiones, incluso sin el financiamiento externo de los usuarios.

Y así, el cambio a Metrópolis verá la implementación del tan esperado cambio del modelo de prueba de trabajo al modelo de prueba de participación. El modelo de prueba de trabajo implica el uso de hardware dedicado a resolver los rompecabezas criptográficos con el fin de extraer *ethereum*. Pero el modelo de prueba de participación está destinado a hacer que todo el proceso de minería sea más virtual, mediante el uso de validadores en lugar de mineros.

Por lo tanto, si está interesado en la minería, debe estar preparado para convertirse en un validador una vez que se produzca el cambio. Como validador, se le pedirá que bloquee parte de su *ether* como participación, antes de que se le permita validar los bloques. El trabajo de validación será simple. Solo buscará aquellos bloques que crea que se pueden agregar a la cadena de bloques y hacer apuestas en ellos. Por lo tanto, si su bloque es añadido, será premiado y su recompensa será proporcional a la participación que invirtió. Sin embargo, perderá su participación haciendo una apuesta en el bloque equivocado.

Se utilizará el algoritmo de consenso de Casper para implementar el modelo de prueba de participación. Las etapas iniciales verán un sistema de estilo híbrido que permitirá la mayoría de las transacciones en el modelo de prueba de trabajo, mientras que cada transacción número cien se realizará en el modelo de prueba de participación. Por lo tanto, no debe preocuparse porque tendrá la oportunidad de probar sus habilidades en el nuevo modelo antes de que se implemente por completo.

Con todo, el futuro de Ethereum parece brillante porque el objetivo principal de la red Ethereum es volverse omnipresente. Y al mismo tiempo, el éxito de Ethereum estará determinado por la percepción del público hacia los *tokens* lanzados en la plataforma, las decisiones tomadas por el equipo de desarrollo y la calidad de las aplicaciones lanzadas en la plataforma. Por lo tanto, Ethereum ejecutará todo y usted ni siquiera tendrá una idea de que está trabajando en algo que depende de ello. Sin embargo, aún queda mucho trabajo por hacer para lograrlo, por lo que invertir en Ethereum ahora no es una mala idea. Mientras invierte, siempre tenga en cuenta que está operando en un mercado muy joven, y cualquier cosa puede suceder en cualquier momento. A pesar del hecho de que su tecnología tiene un gran potencial, intente limitar el riesgo ya que el mercado está destinado a experimentar una gran volatilidad. ¡Buena suerte!

Conclusión

Invertir en Ethereum es una de las formas que puede utilizar para protegerse contra la incertidumbre económica, al igual que poseer oro. Con las transacciones de *ether* ganando terreno a nivel mundial, no necesita esperar más antes de aprovechar su inversión.

Si encuentra el libro provechoso, ¿podría recomendárselo a otros? Una forma de hacerlo es publicar una reseña en Amazon.